致所有曾经奋战在工作一线的海通同事！
致所有现在奋战在工作一线的海通同事！

汤仁荣

2018年7月25日

海通创业往事

汤仁荣 / 著

图书在版编目(CIP)数据

海通创业往事/汤仁荣著. —上海:立信会计出版社,
2018.9

ISBN 978-7-5429-5948-5

Ⅰ.①海… Ⅱ.①汤… Ⅲ.①证券公司—概况—上海 Ⅳ.①F830.39

中国版本图书馆 CIP 数据核字(2018)第 205236 号

责任编辑　　陈　旻
封面设计　　南房间

海通创业往事

出版发行	立信会计出版社			
地　　址	上海市中山西路 2230 号	邮政编码	200235	
电　　话	(021)64411389	传　真	(021)64411325	
网　　址	www.lixinaph.com	电子邮箱	lxaph@sh163.net	
网上书店	www.shlx.net	电　话	(021)64411071	
经　　销	各地新华书店			
印　　刷	苏州市越洋印刷有限公司			
开　　本	710 毫米×1000 毫米	1/16		
印　　张	13.25	插　页	8	
字　　数	188 千字			
版　　次	2018 年 9 月第 1 版			
印　　次	2018 年 9 月第 1 次			
书　　号	ISBN 978-7-5429-5948-5/F			
定　　价	58.00 元			

如有印订差错,请与本社联系调换

上海海通证券公司
总经理 冯伦第

风雨兼程那10年

▲ 时任全国人大常委会副委员长陈慕华视察公司

▲ 上海交易所开业：汤仁荣（左二）阚治东（左三）管金生（左四）

▲ 上海海通证券公司成立大会

▲ 海通证券有限公司第一届股东会

▲ 杭州天目山药业股票上市

▲ 上海证券市场研讨会

▲ 上海股份制与证券研究会

▲ 交通银行系统1991年国库券承销签字仪式

▲ 在交行证券研修班讲课

前　言

2018 年是我国改革开放 40 周年，40 年来我们伟大的祖国发生了翻天覆地的变化。人民安居乐业奔小康，科技发展日新月异，国力大为增强，国民经济为全球第二大经济实体，我国在国际舞台上发挥越来越重要的作用。金融市场是改革开放的重头戏，尤其是证券市场的初创与发展，推进了企业体制的改革，改变了以间接融资为唯一融资渠道的企业融资模式，证券市场的直接融资对经济发展有不可磨灭的贡献。

我有幸从 1986 年 9 月起投身这场伟大的改革，亲历了证券市场早期的发展，亲身创建了上海三大证券公司之一的海通证券股份有限公司（以下简称海通）。我虽然离开海通已经 22 年了，但内心仍然是时时牵挂着海通，牵挂着一同创业的老同事。海通自成立以来一直排在行业的前列，如今它的经营网点已遍及全球 14 个国家和地区，业务涵盖证券经纪、投资银行、商品期货、资产管理等。看到现在海通的辉煌成就，遥想当年初创海通时的艰辛，不禁让人感慨万分，创业初期的点点滴滴历历在目，那是一段激情燃烧的岁月，那是一段永远令人难忘的岁月。

在证券市场初创阶段，各方面条件都不完备。面对改革的要求，市场的要求，同行的竞争，不开拓、不做创新业务就是等死；要做开拓、要做创新业务，面对旧的观念、旧的体制，困难重重，险象环生，如履薄冰：政治风险、经济风险、法律风险时时相伴。只有亲身经历过，方知创业之艰难。

我从一个创业者的角度叙述海通在创业阶段的往事：回顾了海通在创业阶段所参与我国证券市场改革的一系列事件；回顾了参与直接融资的发行短期融资券、企业债券、企业股票（A股与B股）；回顾了参与国债发行制度改革的承购包销；回顾了创新设计的国债组合凭证；回顾了一起创业的老同事们的创业精神……透过这些点点滴滴的具体事例，希望能够从一个侧面反映我国改革开放早期资本市场的初创与发展。

30年过去，弹指一挥间！值此海通成立30周年之际，我将海通创业往事系列文章整理成书，以此庆祝海通成立30周年！我真诚地祝愿海通更加大起来，更加强起来，为我国的证券市场发展作出更大的贡献！

汤仁荣

2018年7月25日

目　录

1// 　　**第一章　海通的前身**
2// 　　　　第一节　交通银行与海通的前身
4// 　　　　第二节　首发企业贴现债券
6// 　　　　第三节　首发短期融资券
9// 　　　　第四节　首发上海商业股

14// 　　**第二章　海通的成立**
16// 　　　　第一节　海通成立的前后
19// 　　　　第二节　海通成立后的发展
21// 　　　　第三节　海通发展中的困惑

24// 　　**第三章　早期的人事**
25// 　　　　第一节　分行管理下的人事
27// 　　　　第二节　编制职数的突破与创新
29// 　　　　第三节　编制人员多样的员工队伍

第四章　曲折的电真空

- 33// 　　　第一节　功亏一篑电真空
- 34// 　　　第二节　争得主干事，却发行失利
- 36// 　　　第三节　卖给员工电真空股票遭质疑
- 38// 　　　第四节　卖给深圳客户电真空，折损我一员大将

第五章　国债业务

- 42// 　　　第一节　国债承购包销的副主干事
- 47// 　　　第二节　千里迢迢背国库券

第六章　国债组合凭证

- 53// 　　　第一节　国债组合凭证的缘由
- 56// 　　　第二节　国债组合凭证隆重推出
- 63// 　　　第三节　国债组合凭证发行后的启示

第七章　长宁的金库

- 69// 　　　第一节　愚园路的历史
- 70// 　　　第二节　长宁金库的运行与管理

第八章　周浦的地

- 75// 　　　第一节　不务正业去买地
- 76// 　　　第二节　买地造房
- 78// 　　　第三节　还算完美的结局

第九章　早期的证券营业网点

- 81// 　　　第一节　证券业务代理处
- 84// 　　　第二节　上海本地的证券营业网点

88//　　　　第三节　外省市的证券营业网点

95//　第十章　证券发行也精彩
96//　　　　第一节　拼抢承销申能公司企业债券
99//　　　　第二节　兵贵神速的天目药业辅导上市
101//　　　第三节　演讲敲定的昆明机床与东方电机

109//　第十一章　我为海通作宣传
110//　　　　第一节　通过写书宣传海通
117//　　　　第二节　通过摄制录像片来宣传海通
120//　　　　第三节　通过演讲来宣传海通

126//　第十二章　海通的改制
127//　　　　第一节　海通不改制就是等死
129//　　　　第二节　海通的改制过程
132//　　　　第三节　改制、发展两不误
136//　　　　第四节　痛苦的磨合期

139//　第十三章　我与国债期货
139//　　　　第一节　国债期货市场的始末
144//　　　　第二节　"327国债期货事件"
148//　　　　第三节　我、海通与国债期货
156//　　　　第四节　国债期货痛苦的结局

161//　第十四章　国债期货亏损的调查
162//　　　　第一节　国债期货业务操作的决策
166//　　　　第二节　国债期货的仓位

167// 第三节 国债期货亏损的责任
169// 第四节 18年后知原委

173// **第十五章 创业者的风采**
174// 第一节 证券从业人员的榜样
178// 第二节 大学生团队的风采
181// 第三节 异地拼搏的团队
183// 第四节 创业员工皆拼搏

187// **第十六章 迈向新征程**
187// 第一节 泪别海通，迈向新征程
193// 第二节 创业者皆迈向新征程
195// 第三节 海通迈向新征程

198// **附录1 汤仁荣主要的证券类著作**

199// **附录2 汤仁荣主要的证券类论文**

202// **后　记**

第一章 海通的前身

20世纪80年代中期，在我国辽阔的农村大地上，一场史无前例的农村经济体制改革如火如荼地展开，城市的经济体制改革也拉开了序幕。临近香港的深圳经济特区建设已初见规模。改革迫切需要经济的动脉——金融体制改革加速推进。在当时，金融体制刚刚完成了中央银行与商业银行的分离。

1979年1月，中国农业银行成立，成为办理农业与农村经济的专业银行。同年3月，我国改革整个中国银行业体制，中国银行成为办理进出口业务结算结汇，为外贸企业服务的国家指定的外汇专业银行。尔后又将中国建设银行（以下简称建行）从财政拨款预算职能转变为投资领域的专业银行。1984年1月，中国工商银行（以下简称工行）正式成立，成为办理城市居民与工商企业的专业银行。中国人民银行（以下简称人行）专司中央银行的职能，工行、中国银行、建行、中国农业银行定位为四大专业银行，它们严格按照划定的区域与服务对象范围开展银行业务。这种金融服务体制显然不能适应市场经济发展的需要。打破银行业务专业垄断的局面，新一轮的金融体制改革迫在眉睫。

第一节 交通银行与海通的前身

说起海通的前身,离不开交通银行(以下简称交行)的南迁和内地复业。

中华人民共和国成立前的四大银行也称"四大行",即中央银行、中国银行、交通银行、中国农业银行。交行始建于1908年(光绪三十四年),是中国早期四大银行之一,也是中国早期发钞行之一,发钞历史长达33年,也是发钞时间最长的银行。1928年,随着全国政治中心从北京转移到南京,交行也将总行迁到上海外滩14号。1937年抗日战争爆发,交行将总行迁到重庆。1951年交行总行迁回上海,1954年除香港分行仍继续营业外,交行国内业务分别并入当地人行和在交行基础上组建起来的建行。

1986年之前,交行仅在香港保留有分行,在北京仅有交行总管理处的招牌,并没有实际的管理机构、管理人员以及具体业务。1986年7月24日,为适应中国经济体制改革和发展,作为金融改革的试点,打破当时银行业的垄断状态,党中央、国务院批准重新组建交行,定位是综合性的金融机构,实行混业经营,除了银行传统的存款、贷款、结算外,还可经营保险、证券、信托等业务,除了人民币还可以经营外汇业务,甚至可以根据需要设置分支机构。交行是国家金融体制改革的试验田,金融管理当局对其寄有厚望。为恢复上海金融中心地位,支持上海浦东的开发和开放,交行总行被特意安排在上海,于是交行总部从北京南迁至上海。1987年4月1日,重新组建后的交行正式复业,成为中国第一家全国性的国有股份制商业银行,总行设在上海江西中路200号(原金城银行大楼)。

为改革而重生的交行,其基因就渗透着创新的气息,成立伊始,各项业务进展神速,乘着改革开放的东风,业务做得有声有色。证券市场是市场经济的产物,也是当时金融发展的方向,顺应时代潮流,交行理应积极开拓证券市场,才能担负得起国家赋予的使命。

第一章 海通的前身

当时交行上海分行信贷二部设了个市场科，我是信贷二部的副经理，分管市场科工作。市场科科长吴晓萍、副科长陈荷兰，整个科也就十几名员工。市场科承担了除保险以外的交行所有的创新业务，包括资金市场、票据贴现、外汇调剂以及证券市场。

资金市场就是为了满足不同地区、不同金融机构之间的资金需求，同业之间按照市场利率进行的资金拆借业务，它打破了原有资金分条划块的分隔状态。当时在人行上海分行的支持和指导下，建立起以交行为主办行的由上海经济区内多家金融机构参加的上海经济区资金市场。

票据贴现就是银行将企业持有的未到期的由其他银行或其他企业开出的承兑汇票或商业承兑汇票，在扣除贴现率后先行支付资金给企业的业务。通俗地讲就是银行将企业的票据按折扣率先行收购，票据到期再向出票人收取资金。它改变了以往企业单一取得贷款的融资渠道，由出票人的信誉作保证，提前取得资金。票据贴现业务一度占交行上海分行资金运用的半壁江山。

外汇调剂就是企业将自有外汇留成与其他需要用汇企业之间进行调剂的业务。外滩15号的中国外汇调剂中心的前身就是从设立在江西中路200号的外商投资企业外汇调剂中心起步的。国家外汇管理局上海分局负责政策制定与参与对象审核，交行上海分行信贷二部市场科负责调剂业务的具体操作。外汇调剂主要是企业留成的外汇额度调剂，缺额度的企业通过调剂从多余额度的企业拿到额度，使外汇额度有了市场价格。

证券市场业务包括了所有证券发行市场与证券流通市场的业务，这就是以后海通成立后的业务经营范围。市场科于1987年1月20日正式开办柜台证券转让业务，它是上海第一个全面经营证券交易的柜台，包括企业债券、金融债券、大面额存款证及已经公开发行的股票（此时工行上海分行信托投资公司静安分部仅经营股票交易业务）。

就当时的金融市场发展阶段，以上提到的创新业务根本没有现成的法律法规，没有现成的规章制度，没有现成的操作规范，甚至连业务凭证都只能

通过借鉴其他传统业务的凭证重新设计,一切都是摸着石头过河。

经过市场科全体干部职工的不懈努力,各项业务都有了飞速发展。作为海通前身的信贷二部市场科在当时的证券业务方面也干了几件在上海滩有影响的业务,为上海证券市场的兴起作出了应有的努力。

第二节　首发企业贴现债券

20世纪80年代末,企业所需的建设资金、技术改造资金,基本由银行发放固定资产贷款予以解决,也就是采用间接融资方式。企业发行债券筹集资金是改变融资模式的创新。为了规范企业债券的发行与交易,国务院于1987年3月27日正式发布了《企业债券管理暂行条例》,条例明确规定,经中国人民银行批准,企业可在境内发行债券,规定了发债企业的条件,规定了债券章程应载明的内容,同时也规定了相应的法律责任。上海市人民政府也于1987年5月23日发布了《上海市企业债券管理办法》。

记得1987年年底上海宝山水泥厂前来交行申请企业贷款,用于1987年移地扩建为上海宝山水泥总厂后扩张产能所需的建设资金。水泥在当时可是高附加值的紧俏物资,支持企业就是支持国家建设、支持改革开放的政策,按照现在时髦的说法就是支持实体经济,交行作为改革开放的排头兵,理应支持。

此时的交行名声在外,各行各业都有慕名前来的企业以求得资金支持,然而交行本身资金也十分紧张,于是交行上海分行把客户介绍给信贷二部,探讨是否通过发行企业债券融资,以解决企业技改资金的需求。经过深入讨论研究,大家都感觉发行债券这个融资手段可行。时不我待,信贷二部马上安排人员加班加点制定债券发行章程,进入发行流程。在研究发行方式时,信贷二部决定采用贴现方式(折价发行)按票面发行:即票面值100元,发行价为76元,到期按面值兑付。债券发行总额2 600万元,债券期限为3

年。经过紧张的准备工作,1988年1月上海宝山水泥厂债券正式面世,此为上海滩诞生的第一张企业贴现债券(见图1-1)。

图1-1 上海宝山水泥厂企业贴现债券样张

为保障债券发行成功,在发行前特别给一些单位客户预留了份额。谁曾想债券一经面世,就引起市民抢购,还发生了小插曲。

记得发行当天,还没开始营业,人们争先恐后地赶到江西中路200号,放眼望去,门口排队的人一直沿着江西中路排到福州路,都快接近四川中路了,场面之壮观前所未有。群众的理财热情被激发出来,为了买到债券,客户不惜排三四个小时的长队。此情此景,至今我都难以忘怀。

信贷二部组织其他科室员工全力以赴,发行当日共设了六个销售窗口。柜面内,员工通力配合,有条不紊地做着收款和债券发放工作。眼看着债券逐步销售出去,我的内心充满喜悦,成功在即。临近中午,飘起了毛毛细雨,柜面传出债券已经售罄的消息。瞬间排队客户涌入营业大厅,有好几百人,群情激愤,现场开始混乱起来。排队的客户饿着肚子淋湿了衣服就是为了买到债券,债券说卖完就卖完了,那他们不是白辛苦了吗?换作谁,心里都不舒服啊。何况这么多人聚在一起,互相有负面情绪的感染。激动的客户涌向柜面,大理石的柜台也已经被推得松动了!此时此刻险情一触即发,如果不果断采取有效措施必然会出大事。怎么办?怎么办?我准备走出柜台做工作。柜面同事担心地劝阻我,不能出去太危险了!我职责所在,坚定地来到激动的人群中对大家做解释安抚工作,同时请分行保卫科关闭营业厅大门,组织市民绕着大厅重新排队。当我准备回柜台重新组织发行时,部分群众围着我不让我走,怕我走了后没人管了。我对他们解释道,我必须回柜台,也只有我才能解决问题,我不回柜台就这么僵持着是不能解决任何问题的。再说如果我一走了之,你们会走吗?交行又走不了的。大家听我言之有理,情绪逐渐平复下来了。我进入柜台了解未售债券余额,决定把之前单位预约的债券全部拿到柜面销售,同时每人限购2 000元面值。直到下午4:30,送走了最后一位客户,才总算松了一口气。销售工作宣告结束,但在晚上结账时发现了差错,一个新来的大学生,忙中出错,客户购买400元债券,她收款400元,给付了4 000元面值的债券,造成了3 600元的差错。在那个年代,上海市职工平均工资不到100元,3 600元可是一个大数目啊。我们马上组织人员四处查找,无任何线索,最终只能记下债券编号,挂账归差错。3年后债券到期兑付时,将此差错债券号码告知柜面每一位工作人员,力图找出持有人,追回差错。功夫不负有心人,工作人员怀着高度的责任感,在成百上千的兑付客户中,终于找到了此编号差错的债券持有人。3年前购买债券时,他是仁济医院建筑工地上打工的农民工。我们对他动之以情,晓之以理,终于追回了多发的3 600元债券,挂了3年账的差错,就此解决了。上海宝山水泥厂贴现债券总算圆满结束。

第三节　首发短期融资券

20世纪80年代,发行企业债券是为解决长期建设资金的需要,也就是开通了一条中长期资金投资筹资的新渠道。那么面对短期生产经营的流动资金缺口怎么办?现在的融资渠道已经多样化,能满足各种期限不同、风险水平不同的融资需要,在当时,融资企业只能向商业银行申请流动资金贷款。

为了改变单一的融资渠道，人行上海分行于1987年12月1日以沪银金管(87) 5141文发布了《中国人民银行上海分行企业短期融资券暂行管理办法》，该办法规定，上海全民或集体所有制企业，只要具有较好的社会效益和经济效益，因短期流动资金需要可向社会企事业和个人发行短期融资券；短期融资券每次发行金额在100万元以上3 000万元以下，期限分为3个月、6个月、9个月三种，利率分为月息0.51%、0.54%和0.57%。企业发行短期融资券应有申请报告、发行章程，提供企业上两个年度和上一季度的财务会计报表。

这在当时可是合法合规利用直接融资的方法解决短期流动资金需求的唯一方式，也是短期资金供应体制的重大改革。消息一经传出，各大银行纷纷行动起来，争相尝鲜。

交行作为改革的银行，当然不甘落后。记得当时上海有色金属总公司正好急需短期流动资金，该公司彭总经理找到交行上海分行。交行上海分行经过分析权衡，决定由信贷二部市场科采用发行企业短期融资券的办法解决此笔资金需求。市场科接到任务，立即行动起来，全体工作人员高速度运转。

我于1987年12月5日接到任务的当天就开始了解企业相关情况，了解人行的规定，着手准备相关资料。第二天即与上海有色金属总公司财务处的林处长接洽，商讨具体的发行事宜。林处长代表上海有色金属总公司对资金提出的要求是，希望能够尽快获得流动资金，主要是有一笔业务急需周转。我们当场就确定下来，发行总金额为2 950万元，期限9个月，年息6.84%。为何总金额是2 950万元呢？因为人行上海分行审批权限为3 000万元以下，3 000万元以上要报人行总行审批，如果报人行总行批准，时间周期比较长，企业等不及，何况企业认为2 950万元也足够用。确定融资券的票面金额为每张1万元，发行对象主要为上海本地企事业单位。为了有利于提高发行效率、降低印刷成本，我们加班加点敲定了发行章程，拟定代理发行协议，并制定了向人行上海分行申请发行短期融资券的报告。第三天，交行上海分行与上海有色金属总公司签署代理发行协议，同时将所需的文件递交人行上海分行的金融管理处审批。当时给金管处留下申请报告及相关文件后，也说明了相关情况，希望人行加快审批。第四天上午我又派人前往金管处催促进度。人行金管处的同志被我们的敬业精神所感动，答应下午批文可以出来。在催促批文的同时又与印刷厂保持联系，商定一等批文到手即可通知开印。吃完午饭，我感觉还是不放心，又派陈荷兰副科长前往金管处等待批文，并告诉她等批文到手就用金管处的电话通知我（当时还没有手机）。要知道当时金管处办公地在四川中路近九江路，而交行在江西中路200号，两者相距不足300米，但为了第一时间安排后继印刷，让客户早点拿到流动资金，请她电话先行告知批文号，哪怕提前5分钟也好的。她在下午2:00在金管处取得批文后即用金管处的电话通知我，我即刻电话通知印刷厂，告知其批文号，要求马上安排制版，争分夺秒尽快交付给我债券。同时我派人前往印刷厂校对债券印刷内容，落实债券印刷相关事宜和时间表。当工作人员到印刷厂了解情况后，电话向我汇报相关情况，提到开始印制到完成交付，加急印刷也需一周。

怎么办？企业急需等着用钱，时不我待，我当机立断，决定用代保管单的形式先行发行融资券。于是立即向交行上海分行行长汇报，并与上海有色金属总公司联系，决定第二天下午也就是接受任务后的第五天，召开新闻发布会，宣布上海有色金属总公司短期融资券的正式发行。邀请谁参加发布会才显得隆重呢？在交行上海分行办公室同事的支持帮助下，我们邀请到人行上海分行领导、金管处、交行总行等相关部门参加，并通知上海主流新闻媒体，邀请他们参加发布会。第五天下午新闻发布会在交行所在地江西中路200号如期召开。在发布会上，交行领导介绍了短期融资券发行过程，上海有色金属总公司的领导谈了对此次短期融资券发行的感受。人行上海分行罗时林副行长肯定了交行勇于探索、改革创新、优质高效为企业服务的精神。罗副行长在讲话时提到，人行第一个批文其实给了工行，但交行是第一个正式代理发行了短期融资券，所以交行本次发行是当之无愧的上海滩第一单短期融资券。我们终于抢得上海首发企业短期融资券。据事后了解，工行当时取得此批文后在计划拿到纸质债券才正式发行,由此耽搁了发行时间。此次交行办妥所有手续后发行短期融资券,《解放日报》《文汇报》《新民晚报》、上海电台、电视台均在显要位置作报道,彰显整个社会对金融改革的渴望,对金融创新的渴望,对新鲜事物的期待,甚至对改革开放的愿景。

上海有色金属总公司短期融资券的整个发行工作,从开始到完成仅用了一周的时间,也就是说,等融资券的实物券印刷出来的那一刻,发行工作已经结束了。1988年9月12日,上海有色金属总公司在正式兑付完所发行的短期融资券后专程前往交行表示感谢,2 950万元的资金帮助企业采购计划电解铜4 870吨,生产铜材7 000吨,实现产值4 900万元,实现利税600多万元。短期资金供应渠道的改革结出了丰硕的成果。整个发行工作体现了时间就是效率,时间就是金钱。至今回想起来,仍然让我有种成就感,荣誉属于交行,荣誉属于每个努力奋斗的同事。

第四节 首发上海商业股

现在我国的股票发行制度已经比较健全,些许的争论,是因为我们的要求高了。可在30年前,我们对于创新业务,真的是没有石头也要过河。我记得很清楚,1986年9月1日我到交行报到的第一天,领导很热情地和我谈了很久,然后话锋一转,你年轻人就去做些新业务吧。就这样冥冥之中我与未来的海通结下了不解之缘。早在1986年9月14日,交行就开始研究如何发行交行股票,如何代理发行企业股票。此后我们信贷二部市场科勇往直前、频频出击,先后拜访上海电真空、上海豫园商场(以下简称豫园商场)、上海飞乐股份、上海飞乐音响、延中实业、上海冰箱一厂、冰箱二厂、上海自行车厂、上海章华毛纺厂等十几家企业,只要企业有想上市的苗头,我们就赶紧安排人手去拜访,了解相关情况,尝试代理发行股票的可能性。多年后,回顾这段代理发行企业股票的历程,有输也有赢,有苦也有甜。其中最

让我开心的，就是成功代理发行豫园商场的股票。

豫园商场原名为老城隍庙市场，它与上海的名胜古迹老城隍庙豫园毗连，占地方圆一华里，坐落在上海的旧城区内。上海城隍庙的前身是金山神主庙，相传为三国时期吴王孙皓所建。明永乐年间（公元1403年）改建为城隍庙，现在还保存有大殿、戏台、仪门、牌楼等庙宇建筑。清同治七年（公元1868年）上海县清政府在城隍庙所在区域即豫园招商，遂被米业、布业、盐业、豆业、钱业等23个行业公所割据。各路商贩竞设店铺、茶楼、酒肆，百货陈杂，集中成立。豫园商场由于临近十六铺码头，成为各类小商品、土特产的集散地。

中华人民共和国成立后，豫园商场几经整修扩建，成为上海有名的小商品批发、零售市场。1971年8月，豫园商场又进行了一次全面整顿，为统一规划、有利于经营管理成立了豫园商场。豫园商场成立后统一整合园内资源，豫园商场集中上海老城隍庙的人文景观、古老建筑和小商品市场于一体，吃喝玩乐样样有，成为上海著名的商业中心与旅游胜地。

1987年1月，豫园商场经上海市经济体制改革办公室、上海市财贸办公室、上海市财政局批准试行股份制，成为上海第一家以公有制为主体的股份制商业企业。

消息一经传出，尚处于试营业阶段的交行立马出击，从1987年年初就开始努力贴心、贴身为豫园商场服务。市场科工作人员隔三岔五前往城隍庙洽谈发行方案，落实具体发行细节，同时增进感情。当然此时同行竞争依然激烈，但是豫园商场是商业企业，对于银行贷款需求不大，因此其他银行并不具备优势。至于商业企业主要是现金回笼和解款银行，为了取得竞争优势，交行甚至提出可以由专人负责上门收取。功夫不负有心人，经春夏秋冬四季的辛勤奔波，我们终于用诚心诚意打动了豫园商场，争得了豫园商场股票发行的主承销资格。经《人行上海市分行1987年12月30日（87）沪人金股第35号》文件批准，于1988年3月8日成功代理发行了豫园商场股票65 000股（每股100元），总面额650万元。其中国家股162.5万股，占总

第一章 海通的前身

股份的25%（国家股是公司原有国拨流动资金、固定资金折算成的股份）；单位股357.5万股，占总股份的55%（单位股是豫园商场内各下属单位自有资金折算成的股份）；个人股130万股，占总股份的20%（个人股是商场职工与社会个人认购的股份）。虽然向社会发行的个人股只有几十万股，但意义重大，它是上海商业股票发行零的突破，我们年轻的交行上海分行信贷二部市场科也实现了股票代理发行零的突破。

豫园商场的股票全称为上海豫园商场股份有限公司，1988年3月18日在上海公开发行，发行结束后就在证券交易柜台交易。1990年12月19日上海证券交易所（以下简称上交所）成立时，豫园商场成为首批上市公司，股票代码为600655，它是上海第一家公开发行股票的商业企业，是上交所上市的老八股之一（见图1-2）。

图1-2　上海豫园商场股份有限公司股票样张

股票上市4年后，为统一实施豫园商业旅游区的规划、开发经营和管理，1992年3月26日，豫园商场公司召开董事会，以豫园商场股份有限公司为主体发起人，与上海豫园旅游服务公司、上海商业建设公司、上海旅游公司等十五家企业联合组建上海豫园旅游商城股份有限公司。人行上海分行

(92)沪人金股第41号文批准,于1992年5月29日向社会公开发行股票。股份总数为1 129.042 8万股,其中法人股(非流通股)970.805万股,个人股(流通股)158.238万股,每股面值10元,发行价格为每股80元(1992年12月10日拆细为每股面值1元)。由于海通的前身代理发行了豫园商场股票,与豫园商场建立了良好的合作关系,正因为如此,正式成立后的海通延续这个关系,成为重组后的上海豫园旅游商城股份有限公司的主承销商。

海通的前身所述说的三件事:首发贴现债券是一种创新,也是首创;抢发第一期融资券,拼的是效率,触动了工行;首发豫园商场股票,虽然只有区区的几十万股,但实现了0的突破,积累了承销经验。海通的前身还有许多值得述说的事:她在全市第一个开办了企业债券的柜台交易业务;她在全国率先推出了大额可转让定期存单业务;她是上海首批开办国库券柜台交易业务的机构;她首次组织了上海同行每周六定期在交行交流证券行情,建立了业务交流的平台等。海通的前身为海通的成立、发展与改制奠定了扎实的基础,属于海通的时代即将开启。

海通的前身从1986年9月~1988年9月只有短短的两年时间,但我从中经受了早期资本市场的洗礼,从此我爱上了伟大的证券事业。两年的时间感悟颇多。

人生感悟之一:人要有担当。上海宝山水泥厂贴现债券发行结束后,说实话感到后怕,因为面对愤怒的人群,混乱的局面,一旦失控,无法收场。即使客户动手也没地方申诉,领导只会批评自己为何没有组织好。但是我不下地狱谁下地狱,有担当也是一种成就感。人之初,性本善,感恩尽心尽职的员工,感恩购买债券的客户,是他们与我一起顺利完成一项创新工作。

人生感悟之二:发行短期融资券争得第一。发行能取得先机,关键在于不能范囿于原有办事框架,开动脑筋争分夺秒;人一旦有争先的信念,所激发出的斗志，万夫难敌。为了追求结果，达到预定目标，对过程不能也不必按部就班，而要随时根据实际情况作出相应的调整，方能尽快取得最后的成功。

人生感悟之三：首发豫园商业股票，虽然只有区区的几十万元的发行额，也没有多少的手续费收入，但是做事除了企业的经济利益外，更要考虑社会效益与无形资产价值，没有前面豫园商场几十万的发行，哪来后面豫园商城1582万个人股发行的主承销。

第二章
海通的成立

  1981年7月，国务院决定恢复发行国债；1983年7月，深圳宝安发行股票；1984年7月，北京天桥发行股票；1984年11月，上海飞乐音响发行股票；1987年5月，深圳发展银行发行股票。20世纪80年代中期，全国各地掀起企业体制改革的浪潮，同时也开启金融体制的改革，国债、股票、企业债券也开始逐步面世。1984年～1987年年底，仅在上海一地发行债券、股票的企业就达1 700多家。在1987年上海发行的各类有价证券年末余额为451 295万元，其中：国债236 672万元，金融债券31 300万元，地方企业债券61 640万元，企业股票79 135万元。大量国债、企业债券、公司股票的发行，急需开辟有价证券的流通市场，以满足有价证券持有人的买卖需求。有价证券的定价应由市场来决定。1986年9月26日，工行上海分行信托投资公司在上海静安区开出了全国第一个股票交易柜台，买卖已公开发行的延中实业和飞乐音响股票。1987年1月20日，交行上海分行开出了上海第一个全面交易公开发行的债券和股票的交易柜台，其时上海全市仅有8个证券交易柜台。1985年、1986年发行的国债实物券——国库券于1988年4月21日在上海、深圳、沈阳、哈尔滨、武汉、重庆和西安等7个城市上市流通。原先零打碎敲的交易柜台显然不能适应迅速发展的证券市场，于是迫

第二章 海通的成立

切需要建立专营证券的经营机构。那时人行是我国金融业的大内总管。关于设立证券公司，人行总行的原则是由人行在各地的省级分行、计划单列市分行负责组建一家证券公司，注册资金 1 000 万元，干部人员均列入人行编制。深圳作为先行先试地，于 1987 年成立了深圳特区证券公司。尔后各省（直辖市、自治区、计划单列市）先后都由人行出资、出人建立了证券公司。这批成立的证券公司在 1990 年前后才与人行脱钩，人行根据自己地区的情况转让给其他金融机构。人行上海分行所办的申银证券公司就是在此时被转让给工行上海分行的。1992 年在人行的主导下，成立了华夏、国泰、南方三家全国性的证券公司。

1988 年 9 月 22 日，这是我永生难忘的日子。这一天，海通正式成立了！

从此，中国资本市场上横空出世了海通（见图 2-1）。直至今日，海通是中国早期成立的证券公司中唯一未曾更名、未曾合并、未曾被国家有关部门注资的综合类证券公司。海通的成立有哪些前因后果，又发生了哪些趣事，碰到了哪些困境，最终为何在 1994 年进行改制呢？容我慢慢道来。

图 2-1　上海海通证券公司成立大会

第一节　海通成立的前后

一、海通成立前的背景

在当时的金融体制下，交行的传统存贷业务根本无法与已经生存了几十年的全国大银行相比，若要弥补这些短板以求在业务上和四家大行相提并论，短期内肯定无法达到。唯有开展新兴业务才能把业务规模做上去，同时快速树立交行的品牌形象。因此，交行从筹备重建开始，就非常重视新兴业务，这些业务就包括证券、保险及资金拆借、票据贴现等。我在海通的前身中述说的几次漂亮战役，在当时的上海金融界造成了很大的影响，小家伙办了大事情。随着全国资本市场的进一步发展，成立专业的证券公司就迫在眉睫，专业的人做专业的事情，才能保持基业长青。伴随着交行资本市场业务的深入开展，交行创新形象的进一步确立，也必须成立证券公司才符合重建交行的初心。于是，筹备成立证券公司摆上了交行的议事日程。

那么为什么成立的名号是上海海通证券公司，而不是成立全国性的海通证券公司呢？这里是有多重原因的：一是当时政策上没有全国性的证券公司；二是证券业务刚起步，各家证券公司规模都小，一个一个都是证券新兵，天时地利人和都没有达到需成立全国性证券公司的地步，即使成立，也没有精力、实力、经验去管理；三是交行还未进行整合，各地分行都具有法人资格，它们都已经成立了自己的证券部。

二、海通的筹备过程

当时，交行指定我筹建证券公司，相关手续文件均由我负责。那时人行总行规定各地人行只能成立一家证券公司，由当地人行全额出资成立。各地人行纷纷行动起来，在短时间内各省及计划单列市都成立了证券公司。记得

第二章 海通的成立

1988年8月在山西大同召开第一次全国批准成立的34家证券公司大会，而此时海通还未成立，自然就没有海通的身影。海通是第一批证券公司中最后批准成立的证券公司。当时上海万国证券公司（以下简称万国）的申请报告在1988年6月送到了人行总行，此申请报告与当时人行的政策不符，因它不是人行投资设立的。"官司"打到当时人行主管副行长刘鸿儒那里，最后商定的结果是：为支持上海浦东新区开发与交行改革，上海可以成立二至三家证券公司，但是其中必须要有一家是人行全额注资的证券公司，待批准人行投资的证券公司后，再批准其他的证券公司成立。于是人行上海分行迅速行动起来，于1个月内完成上海申银证券公司（以下简称申银）的筹备及人员配备，报人行总行审批。人行总行立即批准申银成立，其第一任总经理是吴雅伦。尔后，人行又批准成立了万国。

交行在重新组建时的1986年10月18日就开始酝酿成立证券公司，其间虽也多次提及此项工作，但却没有太重视，当时形势也没有那么紧迫，其证券业务信贷二部市场科还能应付。直到申银和万国都获批成立后，交行才立即决定争取赶上第一批成立证券公司的末班车，正式同意我赴北京申报成立海通。我于1988年8月9日只身一人前往北京，向人行总行递交相关的申报材料。人行总行金管司的李小平处长接待了我。我详细汇报了交行前期开展的证券业务，汇报了海通的筹备工作。李处长听了汇报后提了三点意见：一是公司要在行政上独立，是交行的全资子公司，不是交行的一个分支机构或部门；二是公司章程要作调整，有些不是证券公司业务范围的要去掉；三是缺少设立证券公司的可行性研究报告。她嘱咐我回去补充这些材料后再行申报。当时我想对于前两条是人行的意见，无可辩解，即使不向交行请示也无所谓的，于是我当场表示同意。记得在公司章程的业务范围删去了资金市场的资金拆借与票据贴现。至于第三条补充可行性报告，我为了赶时间就与她商量，能否我先补交没有交行公章的可行性报告，鉴于交行已经在证券业务方面做出的成绩，以及尽心尽力的筹备工作，李处长同意了我的请求。李处长的态度，其实就是国家对于证券公司乃至金融创新的支持态度，也是支持交行体制的创新。晚上我回到宾馆，满怀激动的心情花了两个小时完成了初稿，又花了两小时修改润色后正式成文。那时还没普及电脑，第二天上午我把手写的可行性报告送到了李处长办公室。那时也没普及复印，仅此一份手写的报告就存在人行总行的申报材料档案中。当时我准备待在北京等待批复，李处长善解人意地对我说，此批文要走程序，估计需要十天半月的，你还是先回上海作筹备，她会帮忙盯着司长、行长审批的，并且给我留了电话，电话号码为0108315338。于是我回到上海继续抓紧筹备证券公司的成立事宜。人行总行的批文于1988年8月15日正式下发，海通正式进入成立开业阶段。"海通"这字号，取自于"上海交通银行"中的两个字：上海的"海"，交通银行的"通"，当时反复斟酌出的这个名字，后来回想起来，寓意四海通达，朗朗上口，甚是不错。甚至现在继续发挥出"海纳百川，通向四海"，平仄押韵，也很不错。

当时研究领导班子时，原本由交行上海分行的副行长兼任总经理。报到人行后，人行的意见是不能兼职，必须辞去分行副行长职务，专职于海通。海通是处级单位，分行是局级单位，这么做显然没人能接受降职任命。因此，最终结果是由我担任海通的副经理并主持工作。顺便说一句，那时分行行长级别才能对外称总经理的。所以，我虽然是副经理，然而工作上却是一把手、法人代表和党支部书记，党政一肩挑。

三、海通的正式成立

1988年9月22日，海通在江西中路200号七楼会议室正式宣布成立了！这也是每个海通人应该永远铭记的日子！交通银行总行陈恒平副行长、人行上海分行罗时林副行长、人行总行金管司李小平处长、交行上海分行的正副行长参加了成立大会，上海主流媒体、20余家外商驻沪机构40余人、上海金融单位30余人，交行总行分行各部门30余人，共计150余人，共同见证了海通的成立！公司部门设置为发行部、交易部、财会部和办公室，人事由分行代管。

第二章 海通的成立

图 2-2 上海海通证券公司成立大会留影

海通成立之初仅有 14 名有编制的正式员工，他们是：汤仁荣、吴本瑾、姚锡健、吴琴华、吴小琨、金玉凤、戴海融、叶志青、王枫、施璇卿、陈咏梅、范桦、李翊、潘佩蓉。其中陈咏梅、叶志青、施璇卿三位同志至今仍在海通的一线战斗，吴本瑾、潘佩蓉两位同志一直在海通工作，直至光荣退休。成立之初，一切从简，公司办公地址是江西中路 200 号营业大厅左侧，办公与营业面积仅 100 多平方米。右侧是交行上海分行储蓄科的柜台。后来随着业务量逐渐变大，海通于 1990 年搬迁至四川中路 480 号。

第二节 海通成立后的发展

海通正式成立了，但是海通原有的体制并没有发生改变，人、财、物由交行上海分行控制。海通成立初期，虽然在很多方面都没有自主权。但是，公司在原有的体制的束缚下仍然坚持不懈努力，力求发展壮大，以适应飞速发展的证券市场。

公司成立初期的14个人，1个营业柜台，主要的业务仅为发行证券与柜台交易，但这远远不能满足刚刚成立的、如旭日东升般的海通。海通在我心中，是奔着创出上海滩著名证券公司的名头而去的，是奔着成为综合性证券公司的雄心壮志而去的，是奔着成为世界著名券商的愿景而去的。为了这个远大目标，仅有14名员工是远远不够的。受限于当时原有的人事管理体制，公司想方设法从多渠道引进人才，有交行分配的在编人员，有从外单位商调引进的人员，更有从外单位商借引入的劳务人员，还有一批退休聘用人员。到1994年9月，公司员工从14名发展到403名。

公司成立初期仅有上海本地的1个交易柜台，公司从"借鸡生蛋"建立的证券业务代理处开始，到1994年9月改制挂牌时建成了30个市内证券业务代理处、13个营业网点（含国际业务部）。公司成立初期总部仅设置了发行部、交易部、财务会计部和办公室四个部门，到1994年9月改制前又增设了国际业务部、人事部，建立了工会、共青团组织。

公司成立之前代理发行了上海有色金属总公司企业融资券、上海宝山水泥厂企业贴现债券与豫园商城股票等，到1994年改制前公司又代理发行多家企业融资券，并于1990年10月与浙江省证券公司联合代理发行了上无四厂短期融资券2 500万元，首创了跨地区发行短期融资券的先例。从仅发行企业贴现债券，发展到为代理发行国债、企业债、金融债的多品种债券；从代理发行豫园商场商业股票，发展到代理发行工业、商业等多行业股票；从代理发行人币普通股票（A股），发展到发行人民币特种股票（B股）[1]。

---

[1] A股正式名称是人民币普通股票。它是由我国境内的公司发行，供境内机构、组织或个人（不含中国台湾、中国香港、中国澳门投资者）以人民币认购和交易的普通股股票。现在我国有两个A股股票交易市场，分别设在上海和深圳，即上交所和深圳证券交易所（以下简称深交所）。

B股的正式名称是人民币特种股票。它是以人民币标明流通面值，以外币认购的特种股票，于1995年年底改称境内上市外资股。它的投资人限于：外国的自然人、法人和其他组织，中国台湾、中国香港、中国澳门地区的自然人、法人和其他组织，定居在国外的中国公民，中国证监会规定的其他投资人。为便于与人民币普通股票（A股）相区分，人们简称其为B股。B股也在上交所和深交所交易。B股作为人民币特种股票，用人民币标价，但是买卖清算和行情揭示，沪市B股以美元计算，深市B股则以港币计算。在发行及股息红利发放时，B股以人民币确定其金额，以美元现汇或港币现汇分别进行折算和支付。

公司从柜台交易仅交易债券、股票，发展到全面交易沪、深两地的所有上市公司的债券、股票，从单一证券品种发展到国债回购、股票权证等。公司的二级市场交易量直线上升，1994年仅上交所场内成交统计，公司全年交易总额就达1 489.16亿元，其中股票交易额300.85亿元，国债交易额21.89亿元。

公司的各项业务得到了长足的发展，为公司的进一步发展打下了良好的基础。

第三节　海通发展中的困惑

海通持续在发展，但是海通原有的体制还是没有发生大的改变，只是在经济上号称独立核算，但在实质上并非真正意义上的独立核算，而只是单独记账而已，人、财、物仍然全由交行上海分行控制，海通并没有任何自主权。在人事方面，公司没有自主招聘权，一切都由分行统一调配，由分行决定进几人，进何人，何时进。当万国已有120人，申银已有50人时，海通全公司仍只有最初的14人。干部聘任全由交行说了算，员工职称评定也由分行统一管理和进行。然而，交行本身也处于发展期，人才需求特别旺盛，又怎么可能满足海通发展所需要的人员需求呢？

记得海通成立后提拔了吴本瑾为发行部副科长，姚锡健为交易部副科长，原市场科的科长、副科长仍留在交行。吴本瑾、姚锡健两人后来因工作需要提为正科级，但分行一直没正式下文。至于福利方面更是没有任何自主权，奖金福利全由分行统一定，不能越雷池半步。老海通的员工都说我"抠（门）"，其实我也没办法，有钱发给大家，只要符合交行的政策，谁会抠门？可是分行没有相关授权，即使发个手续费也必须听分行的。在财务方面，除了少量的零星开支外，一切都必须服从分行，三项基金只能按规定提取和支用。记得当年在北海宁路为了适应业务发展，建设了公司电脑中心，此项目就花费了60多万元，而当年公司只能提取40多万元的发展基金，根本入不敷出。分行多次批评，责问为何先斩后奏，为何超过提取的三项基金。在物的方面，就更别提了，一切固定资产开支都按照分行的要求，比如，我为了工作需要申请安装住宅电话，但是由于级别不够，迟迟不能安装。戴相龙行长来海通视察，问我要住宅电话号码，我告知没有，戴行长大感困惑，说道要说钱的问题，交行这点钱还是出得起的，要说线的问题，上海刚升七位数，线路不成问题。装个电话不是待遇，而是工作的延伸，证券市场上信息很重要，没有电话怎么行？此事在戴行长视察后我才算安装了住宅电话。又比如，随着业务的发展和对外交往的需要，交通工具愈显重要，到分行申请买车，又是没有钱，没有控购指标，不批准。实质上按照规定，分行的部门不能配车。没办法，但是作为上海滩名声响当当的证券公司，没有公司专车又显得底气不足。一切为了工作，有困难也要迎头而上，后来想办法借我们的房东海军招待所，申请到了指标才算解决，于是公司有了一辆"军车"，用作业务所需。束缚了翅膀的雏鹰，却又要求你展翅高飞，要与申银、万国去竞争，碰到的困难和阻力是常人无法想象的。机制不灵活，反映到公司业务规模上，就是长期处于行业老三。唯有一项利润指标，我们当仁不让是第一，因为我们人员少，各项开支少，而团队有激情干劲足，弥补了些许环境上的劣势。尽管困难如此之多，我们与申银、万国的差距还是很有限。我常常感慨，雏鹰虽被绑住了部分翅膀，但也是在奋力扑腾学习飞翔，期望以后飞得更高更远。然而，雏鹰在风风雨雨的锤炼中渐渐长大，已经成长为能展翅飞翔的雄鹰了，所以它需要更为广阔的天地任它翱翔。海通随着全国证券市场的进一步发展，其业务在规模和质量上都在突飞猛进，原有的体制越来越阻碍公司的前行了。海通就像一只已经张开翅膀的雄鹰，迫切需要冲破原有体制的束缚，飞向新的高度，这就为海通后来的改制埋下了伏笔。

人生感悟：回顾创业初期的种种艰辛，当时颇有怨言，但现在想来并非是某个人的支持与不支持,而是当时体制、观念所造成的,何况交行本身也在创业发展初期,也急需人、财、物,更何况人员编制是市人事局下达的,他们也无奈。为了新生的海通快速成长起来,经受更大的市场考验,也只有通过创新来解决所面临的问题。

第三章
早期的人事

20世纪90年代初,我国刚刚拉开经济体制改革的大幕,但是在人事管理体制方面基本还是沿用原来的管理机制。在计划经济体制下,一切都按计划进行。当时的每个单位都是由上级部门核发的编制人数,在编制人数总额内用工单位再确定对外进行商调或到大中专学校招收学生。

当时的人事制度,在人员管理上严格区分干部编制和工人编制,前者为"白领",后者为"蓝领"。干部职级不分国家机关、事业单位还是工矿企业,全国统一采用行政级别,一般干部归人事科,领导干部归组织科,工人则归劳资科,泾渭分明。干部提职则需报上级部门备案,重要岗位如人事、保卫、办公室人员则经内部报批后方可任免。科级干部由处级单位审批,同时报局一级备案。

工资的发放也有类似的管理制度。在已定的人员编制基础上核发全年的工资总额,工资总额含工资、奖金及津贴等现金发放部分。每个单位均有工资手册,工资手册上载明核定发放的全年工资总额。单位凭劳动工资手册向银行领取现金,发放工资。单位如果要突破工资总额必须事先向上级部门提出申请报告,说明理由及增加的数额,经同意追加工资总额后银行才可发放现金。因此在当时新成立的经济实体都有挂靠单位,由挂靠单位统一向上级

第三章 早期的人事

劳动部门申请人员编制、工资总额等。

这种管理体制显然不能适应那些新设立的机构。剖析上海三家证券公司的人事管理就见弊端。万国虽然成立时采用股份制组织形式，但挂靠在上海国际信托投资公司，早期其所需员工招聘均由上海国际信托投资公司向有关部门申请，直至几年后才直接挂钩劳动部门。申银是工行上海分行的全资子公司，其一切劳动人事工作均由工行上海分行管理。而海通的劳动人事则是由交行上海分行统一管理。

海通于1988年9月22日成立时，劳动人事工资方面事无巨细均由交行上海分行管理，上海分行人事部门把海通作为一个内部处室管理，员工待遇参照交行员工。直至1991年12月，由交行上海分行调配至海通的第一个专职人事干部——葛维霞同志正式走马上任，才开始了海通的人事管理工作。

第一节 分行管理下的人事

1986年9月，交行上海分行信贷二部在开展证券业务的同时，就开始筹备证券公司。至1988年9月22日海通正式对外挂牌时，才从交行上海分行的一个内部机构，逐步过渡到独立核算的经济实体。尽管海通逐步走向独立核算的经济实体，但从1988年9月22日挂牌之日起至1993年3月，公司人事工作如招聘、工资福利待遇等均按照原来附属部门一样对待，由交行上海分行人教处负责招聘、审核、发调令。葛维霞就是由原工作单位商调至交行上海分行，由交行上海分行分配至公司的。在人事调配、干部任免、内部机构设置、工资奖金发放、员工福利等方面，海通没有任何自主权。随着海通业务全面推进，这种体制严重阻碍了公司的发展与对外竞争。

为了改变这一状况，1992年12月18日，交行上海分行人教处、公司总经理室的汤仁荣、沈德高、丁树清和公司人事部门负责人一起召开联席会议，具体商讨如何理顺人事管理，提高管理效率。为了适应证券业的迅速发展，会议决定，从 1993 年 3 月 1 日起，海通的人事日常工作由公司人事部门操作，具体规定如下：

（1）分行人教处在机构设置、领导岗位设置及职数、进人指标等方面进行统一管理，海通新增内部机构需报分行人教处审批后方能设立。

（2）分行人教处负责办理海通总经理助理以上级别人员的考察任免手续。对海通部门经理（正科级及以下）的考察、任免由海通人事部在分行规定的领导岗位设置和职数限额范围内，严格按照有关程序进行，并报分行人教处备案。人事、财会、保卫、监察、稽核干部的任免，须征求分行有关业务主管部门意见后，无异议方可任免。

（3）海通如引进总经理及以上干部，须报分行人教处，由分行人教处具体办理手续；对正科及以下人员商调进公司的工作，由海通在分行下达的指标额度内，按商调人员的条件及规定程序，自行负责办理考试、面试、政审、体检、发调令等具体手续；对军转干部、外地引进专业人员，由海通向分行上报具体的引进计划，分行参与面试、提出是否录用的意见，并由分行统一办理相关手续。对应届大、中专毕业生的录用，由海通人事部协同分行人教部到学校联系，挑选学生、提出录用意见，由分行统一发调令，直接到海通人事部报到。海通员工辞职、调出和因私出国事宜，由海通人事部自行办理后报分行备案。

（4）对机要、重要岗位人员的政审，由海通人事部负责初审并提出任用意见，报分行人教处复审同意后，方可上岗工作。

（5）对职工奖惩由海通自行办理，直接报分行领导审核审批，并发文报分行备案，凡评选分行先进、职工工资晋级、奖励须报分行有关部门审批。

（6）专业技术干部评聘工作，按分级管理的原则进行。

之所以用了大量的篇幅详述当时的会议纪要，主要想说明公司的人事工作取得了一定的突破，增加人手、扩大业务成为可能，乃至为海通未来的成功走出了坚实的一步。根据会议纪要，这些突破具体表现为：公司对部门干部有了任免权；公司在编制职数内可自行引进人才；公司可自主招收大中专学生，手续由交行上海分行办理。综上所述，总的原则仍是由交行上海分行统一管理，关键的用人指标即编制职数仍由交行上海分行确定，工资总额依编制职数而定，至于奖金福利仍参照交行员工处理。

第二节 编制职数的突破与创新

20世纪90年代初，证券市场发展迅速，同行之间竞争激烈，人员短缺成了海通发展的"瓶颈"。发展营业网点要人，发行部要人，后勤保障也要人，即使在岗员工一个顶三个用，每天超负荷运转仍无济于事。编制职数就像一道紧箍咒套在公司头上。怎么办？唯有突破常规的用人思路，招聘更多的员工充实公司职工队伍，才能缓解公司的用人之急。

1. 电线杆上招来的打字员

虽然，1992年12月18日的会议纪要明确了"编制总额仍由分行控制，公司在编制职数内可自行引进人才"，但要到1993年3月1日才可实施。记得当时发行工作紧锣密鼓，有大量的文字打印工作，这些打印工作全送交行上海分行办公室打印，等到交行上海分行安排打印出来，往往耽搁较长时间，效率极低。发行部眼巴巴地等着文件打印出来好推进工作，交行上海分行一时又调不出打字员，怎么办？当时也没有专业的招聘公司，更没有啥招聘网站，电脑都难得见到一台。经公司总经理室同意，由人事部在当时公司办公地的四川中路480号门前电线杆上贴了个小广告：本公司招聘打字员一名，待遇面议。大约一周，就有几人前来应聘，经人事部面试后从中择优录取一名。就这样公司找到了专职打字员，她就是公司通过电线杆广告招来的员工——陆琪。交行上海分行闻讯后哭笑不得，指责我们：堂堂的金融机构招人弄得像个体户，成何体统！但生米煮成熟饭，也奈何不得。唉，其实在某些方面，公司当时还不如个体户，个体户招人是有绝对自主权的，我们急着等人用，但就是没法自主招人。

2. 不占编制的劳务合同工

从1992年开始，改革中的上海迎来了产业结构调整，随着上海开始压缩钢铁、纺织、仪表电子等行业，急需安置大量的产业工人。这些产业工人，有的被安置到第三产业，有的待在家中协保，有的自谋出路。由于这批产业工人基数大，现成的工作岗位相对较少，相当部分人无法妥善安置转岗。而此时公司的发展却急需大批人才，在1993年那一年，几乎是每个月开一个营业部啊，人手奇缺，在岗员工忙得团团转！此时分行受困于人员编制以及工资总额，无法提供足够人力资源协助海通快速发展。为了解决这一"瓶颈"，公司人事部向总经理室提议搞劳务输入的方法解决编制、工资总额紧缺问题，该提议一经总经理室同意，人事部立刻投入具体操作。与当时国企改革重点单位纺织工业局、冶金工业局的干部处、劳动工资处联系，请他们推荐下属单位优秀人员面试，一旦面试合格，就作为劳务输入形式进入公司。当年共招录劳务用工形式的员工有65名，占到当时公司有编制员工的近50%，这批人员进来后极大地缓解了公司各营业部人员紧张局面。公司对这批人员每年考核一次，每年有1/10特别优秀的同志转为有编制的正式员工。该方案为搞活用工机制、竞争上岗奠定了基础。后来这批员工中有人成为公司中层干部，有人成为营业部经理，此项劳务用工方式不占公司用人编制，不占用工资总额。公司与他们单位结算费用，他们回原单位领工资，公司只发点奖金，提供相应的福利。后来随着公司改制成功，公司不再受用工编制限制，这些劳务输入人员全部被录用为公司正式员工。此种用工方式比当年轰动一时的航空公司去纺织局招聘空嫂整整早了一年多。发展最前沿的行业，哪几家公司能够崭露头角，成为未来的行业翘楚？一定是那些勇于尝试、勇于创新、勇于吃第一只螃蟹的。

3. 发挥余热的老法师

金融系统一批到年龄退休的老同志，尚有余力贡献自己的长期工作经验，以老带新，发挥余热。公司在发展初期敞开吸纳，并视之为宝贵财富，聘用于各个岗位，既解决了用工人员不足问题，又能积极培训、带教员工。

记得公司成立时就被聘用的陆树诚、何圣锡同志在财务部工作，他俩白手起家，帮助公司建立了一整套的财务会计制度和操作规范，甚至包括会计凭证和财务账册，保证了公司财务核算的及时、准确进行。要知道由于初建证券市场，财政部都未能及时制定证券方面的财务会计账户和会计制度。倪江鳌、贾庆林同志原是信贷员，年过六旬的他们带着几个年轻人推开机关、事业、企业单位的大门，推销公司发行的企业短期融资券、公司债券，为开创公司的证券发行业务打下了良好的基础。翁祖恩同志在旧中国的证券交易所做过经纪人，做事认真老练，每天一早上班后就打听同行证券柜台的证券交易价格作为参考，制定公司自营柜台的证券交易价格，并且将价格电话通知公司的几十家证券业务代理处，对建立公司的证券价格制定、交易做出了应有的贡献。此外还有一批原柜面出纳岗位退休的员工，直接在营业部一线临柜，对年轻员工进行手把手的传、帮、带，为公司迅速培养了一批操作能手。

第三节　编制人员多样的员工队伍

由于受制于旧的体制，公司有限突破了原有用工方式，具有一定灵活性，造成了员工队伍来源的多样性。

1. 有编制的员工

这是当时正规用工制度下的员工队伍，是公司创建的基础。此部分员工除了海通成立时的 14 名员工外，以后又陆续调入数十人，这些人是海通早期发展的主力军。这些人员中除少量是交行成立时从各家银行抽调的金融干部外，主要由三部分人组成：一是每年从大中专学校招收新毕业的优秀学生，这批进入公司的年轻人，经过培训、通过实践迅速成长起来，表现出色成为能独当一面的员工，升职相当快。张建华进公司刚满一年，就被提升为闸北营业部主持工作的副经理，后又任上海业务总部的副总经理。黄静进公司后从事自营业务，很快就能独当一面，被提升为交易部副总经理。还有许莉、余伟等都在进公司不长时间内，被提升为公司的中层干部。此后还招聘了数名硕士生、博士生。这些带着新思想、新知识的大学生们，就像新鲜血液持续注入海通，使得海通的创新能力越来越强。二是从本市各行各业商调的具有干部编制的员工，他们占了公司8%以上。他们本身政治素质好，又有丰富的工作经验，经过短期培训、上岗实习后就成为公司的业务骨干。

2. 劳务输入型的员工

前文已经说过，从冶金、纺织系统调入了一大批业务骨干。他们中很多是原单位的厂级干部、车间干部，行政管理人员，来公司后勤恳好学，特别能吃苦，迅速成为公司的中坚力量。公司每年按照工作态度、工作质量、工作效率进行考核，其中的佼佼者予以转正，正式办理人事调动，成为公司有编制的员工。由于当时业务发展迅速，人员需求量增加迫切，加之人事制度改革，那些尚未转正的人员，在工作等方面也都表现很好，在公司改制后全部被录用为正式员工。

3. 临时聘用的员工

这部分员工由两部分组成：一部分是创业初期从金融单位返聘的老同志，分布于各部门，基本上是属于业务顾问，这部分员工随着年龄增长逐步解聘。另一部分是20世纪六七十年代上山下乡的知青，他们由于种种原因不能返沪，但由于种种原因又滞留在上海，公司临时聘用后主要在业务第一线的营业部。这部分员工随着公司正常化运作，于1994年基本都解聘，让他们另谋前程。

以上主要介绍了公司创业初期的用工制度。至于在公司创业期间员工的工资、奖金及各项福利则全部参照交行员工待遇，记得是每人每月奖金50元，唯一稍有松动的就是国家财政允许发放国债实物券的发行与兑付手续费。这种人事制度随着国家人事体制、用工制度的改革，在公司体制改革后才统一用工制度，建立了一套符合现代证券行业的全员劳动合同制的用工制度，公司在员工奖金、福利待遇上才真正有自主权。

图 3-1 是时任全国人大常委会副委员长陈慕华视察公司。

图 3-1　时任全国人大常委会副委员长陈慕华视察公司

人生感悟：海通创业初期的人事工作突破原有的人员编制、工资总额，通过创新、改革、冒险率领着这样一批员工奋力拼搏在中国的资本市场上，开创了海通的一片新天地。"办法总比困难多，克服困难向前冲！"真可谓有条件要上，没有条件创造条件也要上。

第四章
曲折的电真空

上海从 1984 年开始就有企业采用发行股票的方式筹集资金,建立现代企业制度。那时对于发行股票还处在争议阶段,争议焦点就是"姓资"还是"姓社",发行股票是否会造成国有资产流失等问题。这些在今天都是不成问题的问题,但当时确实争议颇多。

早期的发行股票管理办法也是当时的社会背景的写照。人行上海分行于 1984 年 7 月发布了《关于发行股票的暂行管理办法》,这是国内早期的第一个关于发行股票的管理办法。该办法规定只有新办的集体所有制企业可向社会公开发行股票,股票分为集体股与个人股,并且规定了不同的股份按不同的标准支付股息红利,集体股息红利不超过 7.2%,个人股不超过 15%。

1987 年 3 月 28 日国发〔1987〕22 号文《国务院关于加强股票、债券管理的通知》,通知中明确规定"当前发行股票,应当在严格的监督和控制下,主要限于在少数经过批准的集体所有制企业中试行""全民所有制企业不得向社会公开发行股票,对少数已经批准试点的全民所有制大中型企业,由各地人民政府负责认真检查清理,对其中确需继续发行股票的,各地人民银行要从严审批。"从这些规定中可以看出当时对企业发行股票,尤其是全民所有制企业向社会公开发行股票是慎之又慎。这种局面直到 1992 年邓小平南

第四章 曲折的电真空

行讲话后才真正有所改观。上海真空电子器件股份有限公司（以下简称电真空）就是当时上海第一个经批准进行股份制试点的大中型全民所有制企业。

电真空由上海灯泡厂、电子管厂、电子管二厂、电子管四厂、显像管玻璃厂和电真空器件研究所组成，隶属于上海市仪表电讯工业局。公司主要生产显像管、荧光灯、汽车灯、钨钼丝等产品。

电真空也是上交所开业时上市的老八股之一。它是上海第一家国有企业改制发行股票的上市公司，也是上海第一家发行人民币特种股票（又称B股）、吸收外资股东的上市公司。然而，电真空对于我、对于海通都有一番难言的情愫。围绕着电真空股票，无论是发行还是员工购买和对外交易，都有难言的苦衷，一提起这个字眼，就令我流下伤心的泪水。

第一节 功亏一篑电真空

电真空于1986年12月正式成立，隶属于当时的上海仪表电讯局，在上交所挂牌上市，股票代码为600602，后来几经演变，现名为云赛智联。电真空是第一家公开发行股票的全民所有制企业，在它之前只有两家集体所有制企业进行改制后发行了股票，一家为上海延中实业工业公司，于1985年1月经人行上海分行批准发行，注册资本500万元，其中法人股50万元（股），个人股450万元（股）；另一家为上海爱使电子设备公司，也是于1985年1月经人行上海分行批准发行，注册资本30万元（股），其中法人股12.5万股，个人股7.5万股。

1987年1月，电真空要改制发行股票的消息一经传出，交行立即闻风而动，其他行也不甘落后，尤其是已经代理发行了延中实业和爱使股份的工行，更是志在必得，于是我们与工行之间展开了一场白热化的争夺战。从电真空1986年9月正式筹备发行股份起，我们信贷二部市场科和交行其他相关部门就开始对电真空股票发行进行跟踪服务，经常拜访电真空，探讨代理股票发行事宜及其相关细节。同时交行发挥综合性金融服务的优势,在财务结算、外汇、存款、贷款以及创新金融产品等方面提供全方位服务。信贷部、外汇部等多部门联动起来,专程上门介绍交行的各项针对性服务,分行领导也亲自前往拜访电真空领导,助力代理股票发行。要知道分行领导是局级干部,而电真空仅为处级单位,分行领导拜访处级单位在当时很少见,真真切切地表达出了交行的善意和诚意。

我们的工作效率、综合服务优势、诚恳的态度彻底地打动了电真空,电真空总经理薛文海决定委托交行代理发行股票,并且接受交行的综合服务。我部迅速拟定了代理发行电真空股票的协议,交行与电真空正式确立了代理发行股票的关系。在电真空向人行上海分行报送关于股票发行申请表上,代理发行单位盖上了交行上海分行的大红印章。但是,就在我部积极准备后续代理发行事宜时,天有不测风云,从人行传来消息,电真空临时改变代理发行的委托机构,确定将由工行上海信托投资公司发行。原来工行得到电真空委托交行发行股票的信息,在多次做电真空工作无果后向其分行领导求援,由分行领导拜访了上海仪表电讯局领导,并且反复强调工行存贷款业务与仪表局的关系,如果委托他行发行电真空股票,将会影响这么多年的合作,言下之意十分明了。仪表局领导从全局利益出发,决定改由工行代理发行。事后,电真空领导再三向交行方面表示歉意。

首次代理发行股票的尝试就这样宣告失利,说起来真是满满的都是泪啊!电真空是我从事证券业务遇到的第一次重大挫折,接下来还有连续剧。

第二节 争得主干事,却发行失利

电真空首次发行股票10万股,每股100元,共计1 000万元。在与工行上海信托投资公司的竞争中,由于其有强大的工行背书,相对弱小的交行信贷二部市场科就此败下阵来,由工行上海信托投资公司全权代理发行。

第四章　曲折的电真空

时间到了 1989 年 2 月，电真空第三次增资发行 A 股，此次发行总额为 2 210 万元，此数额为市场柜台可交易股票总市值的 60%。消息一出，上海两家证券公司以及工行上海信托投资公司都闻风而动，纷纷前往电真空"秀功夫"，谁都想担任主要角色。这下让电真空薛文海总经理为难了：工行上海信托投资公司是老东家，万国是后起之秀，海通的优势是创新和效率，他觉得让谁发都可以，但又没法忽略其他两家。怎么办？为了一碗水端平，决定联合发行，不分主次。但在商量具体操作时问题来了，排名应该谁先谁后？如按公司笔画，万国排在前；如按首个拼音字母，则万国在最后。在多次商量后采用了一个妥协的办法，上海有三家报纸：《解放日报》《文汇报》《新民晚报》，每家报纸由一家证券公司排名第一。但是哪家报纸又是谁排第一呢？记得我当时提议的是，排版用圆形，三家证券公司围着圆圈转，这样就没有先后之分了。但是，除了报纸外的电台、电视台是没法画圆圈的，而且当时只有一家上海人民广播电台和一家上海电视台。还有新闻发布会上，承销商名单谁排在前呢？大家讨论来讨论去，拿不出一个各家都满意的方案。与此同时，各家证券机构在幕后继续攻关，争取主承销商，海通当然也不例外。功夫不负有心人，经过我们的努力，薛总经理也综合考虑了首次发行时的情况，再加上为排名前后争论不休，小事情影响了整个发行进度不值得，他决定由海通牵头，并作为主干事来组织此次发行工作。

后来，为了壮大发行队伍，保证本次发行多一个销售渠道，经人行从中协调，申银也加入了承销团。这是人行全资时的申银所做的唯一一单业务。这次发行总额为 2 210 万元（22.1 万股，每股面值仍为 100 元）。

根据当时的承销协议，海通包销 910 万元，万国、申银和工行上海信托投资公司包销其余 1 300 万元。股票发行价格为 102 元。当时各家都信心满满，认为销售不成问题。然而，实际销售数额与承销总额相距甚远。

股票销不出去，经过分析原因有三：一是发行数额偏大，市场难以接受。二是电真空内部职工购买股票，公司贴补 12 元一股，实际支付 90 元，造成内部和外部购买有明显的价差。公众对价差的分析，认为电真空自己都不看好自家股票，所以对内部职工进行补偿。三是当时处于敏感时期，社会环境不利。海通承销的910万元，即91 000股，仅销出了17 525股，剩余73 475股只能自己全盘吃进了，谁让我们是承销商呢？得保证募资成功啊！这样公司就需要支付近750万元给电真空。要知道当时海通只有1 000万元的资本金啊。这件事很令人伤脑筋，我考虑再三，万般无奈下只能向交行上海分行求援。我找了交行上海分行的几位领导，有的说发不掉就还给电真空，有的说，小汤来说过，意思他知道此事，但没同意借钱。记得那天是1989年4月16日，天气闷热，挥汗如雨，我上班前就赶到交行上海分行蹲点，没等到一把手，下班后就到他闸北的家中等候，一直等到晚上8:00，他还没回家。我只得打道回府。晚上9:00回到家吃完晚饭，我到楼下派出所给领导打电话（当时家中没装电话）汇报情况，好不容易约好第二天当面汇报。

第二天在他的办公室，免不了又是挨了一顿批评。当时我也被逼急了，就说什么批评我都能接受，但为了海通和交行的信誉，钱你必须借给我。形势比人强，领导也是没办法，为了大局，只能借钱给我。就这样，向交行上海分行借了钱，按时足额付给了电真空，顺利完成承销工作。当我走出领导办公室时，内心深处充满了委屈的泪。后来回想起来，如果当时借不到钱，后续会发生什么事情呢？

第三节　卖给员工电真空股票遭质疑

电真空股票承销出师不利，公司满库存都是电真空股票，资金压力陡增。过了一年，大约在1990年4月间，国家经济开始转好，证券市场逐步开始复苏，股市又有了上升的趋势。此时，公司有员工向我提出，既然公司还有那么多电真空股票没有销出去，是否可以让员工购买些，以减轻公司负担。当时证券法还没有颁布，没有规定证券公司员工不能买卖股票。我经再三考虑后,同意员工购买库存股票,但为控制风险,每位员工限购20股——也就是后来拆细后的2 000股,每股145元,总价2 900元。这一方面是为员工控制风险,另一方面也可以为公司降低库存,减轻公司资金压力。此消息一出,大部分员工都购买了,但也有员工认为有风险而放弃,有的仅购买了10股,总之是以自愿为原则,没有任何摊派。此次员工购买库存的电真空股票,由于是自愿原则,整个过程毫无波澜。此后上海股市开始上涨,购买电真空股票的员工也发了点小财,结局是皆大欢喜。

然而,事情就这么过去了吗?此事过去大概两年,正好赶上党员评议工作,交行上海分行机关党委成员拿着评议结论来找我征求意见,只见结尾处写着"希望正确处理国家、集体、个人三者关系"。明眼人一看就知道,这个"希望"两个字的内涵丰富啊。希望正确处理三者关系,就是说我没有正确处理三者关系,那是个很严重的问题。我当即说道,我自认为非常好地处理了三者关系,凭什么写上这一条?他回答说,这是交行上海分行党组书记写的,具体缘由他不知道。

年轻气盛的我,第二天就赶到交行上海分行拜访领导,专门谈了这一所谓的"希望",明确提出具体是否有所指。他打哈哈说,这条嘛,有则改之,无则加勉。我当即说,如果在你的党员评议上也写上这一条,我无话可说,否则就要给我一个说法。见我不依不饶,他出于无奈,说了缘由:员工购买电真空股票是咋回事?我当即问他,你认为是什么问题?他无言应答。我自解道,也许你认为是开后门,但是开后门有两种情况,一是对外不卖对内卖,二是内外都卖,但内部卖价低于柜面卖价。而这两条我们都不存在,公司对外也在卖,员工售价和柜面售价是一致的,更何况当时的挂牌价是人行的指导价,全市都一样的。他接着说,后来股票价格涨了呀。我答道,股票价格肯定是波动的,如果卖出股票后价格上涨,那你认为损害了国家利益,如果股票价格下跌则损害了群众利益,放在库存又不现实,证券公司不做交易那还有存在的必要吗?股市有风险,我之所以规定每人最多购买20股,就是为了控制风险,员工这点风险还是能承受的。更何况并非每个人都买,也不是每个人都买 20 股。他说道，那是员工没钱买。我又说道，总共才 2 900 元钱，员工还是拿得出的，更何况照你的说法，股市肯定涨，那就是借钱也要买啊！最后他问道，你自己买了没有。我回答道，这句话我等了两年了，当初就怕引起非议，所以我一股也没买，也没让亲戚朋友买，不信你可以去海通查账。他说道那就算了，这个"希望"就删除。他说算了，我可不依不饶地说，领导你在两年前就认为是问题，为何当时不问我，不向我指出，这幸亏是没问题，如果真有问题的话，你应该及时给我指正，这才是真正关心和爱护干部。当我走出领导办公室时，内心深处再次充满了委屈的泪。事后交行上海分行专门派总会计师前来公司暗查此事，确认我没有购买才最终罢休。

第四节 卖给深圳客户电真空，折损我一员大将

海通包销了 740 万股电真空，老压在库房也不行啊。在过了一年后的 1990 年 6～7 月，股市开始好起来了，一批先知先觉的深圳大户纷纷到上海大量购买上海的股票。记得当时深圳有一大户到公司黄浦营业部购买电真空股票，因数量较大，所以直接找到交易部负责人 Y 先生。当时公司正好要抓紧清库存，于是经其同意卖给该大户 20 万股，卖出价格按人行规定。深圳大户为了表示感谢，给了 Y 先生 1 万元人民币。此后，随着股市的好转，公司严格控制电真空股票出售，一些上海大户已经有段时间买不到电真空股票了。深圳大户在回深圳前，请上海大户吃饭，酒席上，上海大户谈到在海通买不到电真空股票，深圳大户得意地说起买到了电真空，并说给了 Y 先生好处费等。该上海大户由于未能如愿在海通买到电真空股票，出于妒忌向上海市人民检察院一分院举报。一分院接到举报后，随即派专人进行侦查。此案为上海证券界第一案，又是金额达 1 万元的大案，侦察了一两个月也没有进展。此时 Y 先生察觉到检察院在侦查，于是他自作聪明，到邮局汇款 1 万元

给深圳大户,自以为神不知鬼不觉地退了钱款。哪知道此行为被侦察人员查获,到邮局取了汇款单存根,获得犯罪(汇款)证据,第二天即到公司抓人。Y先生认为钱已退回,应该没事,殊不知犯罪已然构成,证据确凿无可抵赖。望着检察院渐渐远去的车子,我内心又一次充满了痛心的泪。给深圳大户出售了点股票,就使公司折损了一员大将,得不偿失啊。

说起电真空,伤心无人可倾诉!当然,电真空股票对公司也并非没有贡献,其贡献有三:一是库存的电真空股票(见图4-1),随着二级市场价格上涨,给公司带来了丰厚的利润。电真空在上交所成立时就挂牌上市交易,1990年12月19日的收盘价为每股(面值100元)384元,到1991年12月31日,每股898.40元,电真空让公司赚得盆满钵满。二是借着电真空B股的发行,使公司成为可以经营外汇业务的券商。1991年11月,电真空在全国首发B股,共发行B股100万股,每股面值100元人民币,发行价为420元人民币。此次发行由申银担任主承销,海通、万国参与分销。虽然公司分销仅为3万股,但其意义重大,它使公司迈入了可经营外汇业务的行列,为此增加外汇资本金500万美元。三是上交所1990年12月19日敲响了开市锣声,谁都想成为开锣声响后成交的第一笔交易。在上交所开市的前一天,

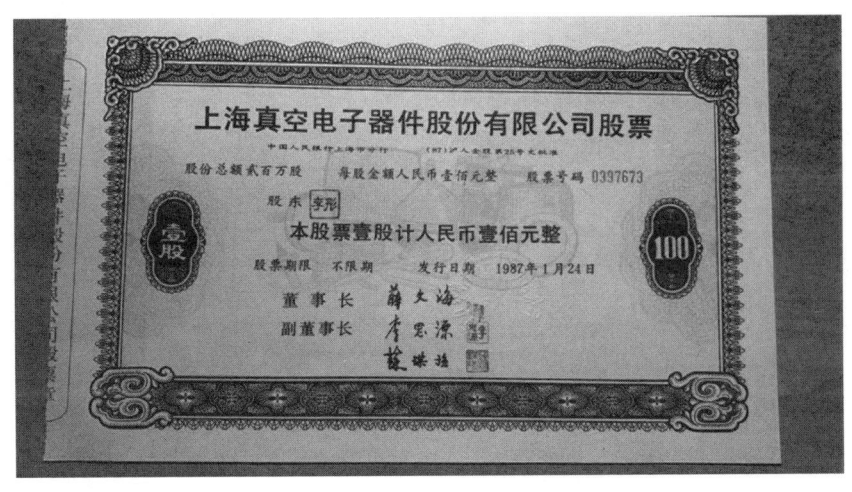

图4-1 上海真空电子器件股份有限公司股票样张

我们经过反复思考，认为目前市场上股价看涨，无人愿意卖出股票，因此只有卖出才有可能确保成交第一笔。果然公司心痛抛出 10 股电真空，未到 3 秒便被万国抢去，但被宣布无效。再次竞价，被申银吃进，每股成交价为 365.70 元，这可是载入上交所史册的第一笔交易。

人生感悟：电真空股票一波三折，围绕着电真空有太多的故事。我从中认同了一个道理，塞翁失马焉知非福。人世间的好事与坏事并非一成不变的，一切事物都处于变化之中。像首次发行电真空的失败，带来了第二次增发时的主干事；当了主干事是好事，但随即又碰到发行出师不利，压了一箱子库存。这压库存看似负担沉重，但随着股价上涨，又为公司带来了丰厚的利润。即使是 Y 先生银铛入狱，也给公司敲响了警钟，由此开始了法制宣传与教育。这一人生感悟也影响着我，即使在人生最黑暗之时，也能看到阳光，看到希望。

第五章
国债业务

1969年5月11日,《人民日报》向全世界发表了一则消息,截至1968年年底,中国国内公债已全部还清,我国已成为世界上既没有内债,又没有外债的社会主义国家。从1968～1978年,我国进入了既无外债又无内债的无债务国家。

1979年、1980年中国财政连续两年出现了巨额赤字。在严酷的形势下,1981年7月,国务院决定恢复发行国债,当年面向企事业单位发行。为使国债顺利发行,我国组成了阵容强大的国库券(即国债)推销委员会,该委员会由财政部牵头,人行、国家计委、中共中央宣传部、军委原总后勤部、全国总工会、共青团中央、全国妇联等中央部委组成。第一届推委会由当时的国务院秘书长杜星垣出任主任,后来财政部部长王丙乾也曾出任主任。

从1982～1987年,发行国债成了至高无上的政治任务,往往是党员干部带头买,一般群众硬性摊。1985年以前发行的国债均为10年期,每年按国库券末两个数分5年平均兑付。由于不可以转让,10年期国债购买后就压箱底,导致国债发行越来越困难。

1991年以前,国债发行基本采用行政手段确保发行,财政部将当年国

债发行计划数额下达到各省（直辖市、自治区）。各地根据分配指标再通过行政系统逐级下达至基层单位，每个单位再根据所分配的数额，根据职工工资高低按比例分摊到个人，有的单位到最后就直接从职工工资中扣发，发行国债成了摊派。硬性摊派的非市场化方式，虽能及时足额完成发行任务，但存在的种种弊端是显而易见的。

1987年6月，曾有湖南省益阳市的一些企业违反国务院有关规定，收取国库券，推销积压产品，8月下旬达到高潮，有三四百人手持国库券，围聚在工厂的大门口，用国库券争购积压产品。经常到晚上9:00多，日收量达2万多元。有的单位公开贴出告示，以50%～70%的折合率，以国库券交易货物。益阳市的4家销货企业在短短的几周内就收取国库券10多万元。从中可以看出老百姓将国库券变钱、变物的迫切性。也可以理解国库券在1988年4月上市流通后，除少数几个大城市外，全国基本上老百姓是清一色的卖出。

第一节　国债承购包销的副主干事

在1988年4月之前，国债发行后是不可以上市流通，也不得私自转让，老百姓有急事无法变现钱，守着"金边债券"在发愁，因此如有机会出手那是求之不得。1991年，财政部为了推进国债发行市场化，掌握国债发行主动权，引入发行国债的市场机制，特意留出一部分国债进行市场化发行的承购包销试点。消息传出，各证券经营机构准备参加试点，支持改革。但各地方政府兴趣不大，这是因为在当时的资金管理体制下，资金是紧缺资源，为维护地方利益，各地都有地方保护主义。如果地方证券经营机构去承销国债，就等于资金外流，地方建设资金就少了一块。

第五章 国债业务

一、联办与国债承购包销

联办的全称为"证券交易所研究设计联合办公室",成立于1989年3月15日,联办是由民间发起、由9家官方机构联合参与的办公室。这9家机构都是"中字头"有背景的中央国企。它们是:中国化工进出口公司、中国对外经济贸易信托投资公司、中国光大集团、中国经济开发信托投资公司、中国农村发展信托投资公司、中国国际信托投资公司、中国信息信托投资公司、中国康华发展总公司、中国新技术创业投资公司。这9家公司各自出资50万元,总共450万元。原先设想是在北京筹建证券交易所,而中央决定在上海、深圳两地建立证券交易所,北京没有可能性,于是起名为"证券交易所研究设计联合办公室"。1991年12月25日,联办由国家人事部批准为经费自立的事业单位,并改名为"中国证券市场设计研究中心",由国家体改委代管,其主要任务是面向证券市场的各类参与者,针对中国证券业发展中的现实问题,开展专题研究、决策咨询、方案设计、试点协调和信息交流。联办早期参与了沪深两地证券交易所的研究、设计与筹建工作。在1991年的国债承购包销试点中,联办就是担任国债承购包销的总协调。

国债当年的实物叫国库券。1991年财政部开始试探采用市场化方式发行国债,于是就酝酿着国库券承购包销。承购包销的做法就是财政部提出发行国债的数量、期限、利率,供有条件参加承销的金融机构以包销的方式认购。简单地可概括为,包销的金融机构组成的承销团就像国债的批发商,财政部和承销团商定条件后,一手交钱,一手交货。财政部可免去卖货之苦、退货之忧。承销团成员则靠自己实力争取货源,赚取手续费和可能的市场差价。

1991年1月7日,财政部国债司领导来到联办,商讨改革国库券的发行方式,从行政摊销改为承购包销。1月28日,财政部国债司发出委托书,委托联办组织1991年国库券承购包销团,并给了联办一个总协调的名义。联办负责包销团成员的条件，初定包销团成员的资格，包销团主干事的选定，拟定国库券承购包销的具体实施方案和程序，草拟财政部与包销团的包销合同，草拟包销团内部的分销合同，联办也要负责包销团成员履行合同，等等。

我国历史上第一次采用市场化方式发行国债，由"财政部作为发债主体、联办为发债总协调、众多金融机构参与认购组成包销团"组成的三方主体，就此拉开了改革国债发行方式的大幕。

二、参加承购包销团成了副主干事

联办成了1991年度国债承购包销的总协调人，由于在前几年的证券市场上他们与海通已是老熟人了，所以拿到总协调的头衔后，早早就来拉公司入伙。接到入伙邀请，去，还是不去？我犯难了，这可是一道难做的选择题。说实话，公司既想参加又怕参加：想参加，是因为它是改革创新，符合金融市场发展方向。同时1991年的国债发行见好，去则名利双收。怕参加，是怕地方政府怪罪下来，被扣上资金外流的帽子。要知道那时资金管理还是画地为牢，资金是紧缺资源。正在犹豫不决之际，交行总行戴相龙行长在北京开会期间闻知承购包销之事，回上海后把我叫去询问，问我是否知道此事，又是如何考虑的。我回答知道此事，联办也多次来电询问是否参加。从支持改革和业务拓展的角度，理应积极参加。但是我也说了自己的顾虑，怕引起与地方政府的矛盾。戴行长听了我的汇报后指出，应该积极参加，为避免与地方政府的矛盾，你可以代表总行去。戴行长的指示使我坚定了参加承购包销团的底气。记得在此期间，我与万国的管金生、申银的阙治东，在静安百乐门——万国总部办公室专门商量此事应该如何办才好？这是我们三个竞争对手为数不多的几次就同一件事坐下来商量。言谈之间，管总、阙总不约而同都谈到上海市地方政府的压力，怕对今后开展业务不利。当时我就说，我们三家一起去，总不能把三家一起整，法不责众嘛！商量了半天也没有个结果。我们公司由于有戴行长的指示支持，报名参加了1991年度国库券承购包销团。

我于1991年4月19日前往北京参加承购包销团。联办作为1991年国债发行的主协调，根据各公司上报的承销数量加以统一平衡协调，组成1991年国债发行的承购包销团。承销团由80家单位组成，设主干事1名，副主干事5名，共承销1991年年度国债25亿元。参加承销团的主要是北京各家中字头的信托投资公司，像中经开、中创、中信、中农信等。海通承销了3.1亿元，为什么是3.1亿元呢？因为过了3亿元才能担任副主干事。海通是该承销团副主干事中唯一的专业证券公司，上海也只有海通参加了此次开创性的承购包销。4月20日在人民大会堂蒙古厅举行了隆重的签字仪式，正式宣告这次试点工作圆满成功。

1991年度承购包销国债，数额才25亿元，这个金额在今天看来是一项十分平凡的不起眼的承销活动，但在当年却是一项了不起的改革创新。在承销团签字前3天，也就是4月17日，部委之间还有不同意见，可会场定了，请柬发了，记者们候着，承销团成员已经到了北京，怎么办？联办负责人闯进国家体改委主任陈锦华办公室，并拿出当年的体改方案文件，求得体改委支持。经体改委与财政部协调各部委关系，才在4月19日最后确定推进此事，才使承购包销活动取得成功。

三、体制与观念的碰撞

国债的市场化发行在今天看来是再平常不过的事情，但是在当年国家正处于从计划体制向市场体制转变的初期，国债还是采用行政发行体制，资金还是画地为牢的管理体制，难免就会发生两者的碰撞。

在1991年试行市场化的承购包销后，地方反映强烈，这些意见归纳为：一是认为中央直接组织承购包销，使地方政府不能掌握当地发行国债的总量，对资金总的流量心中无数。二是认为国债发行历来是采用计划分配、依靠基层领导动员群众完成，而国债承购包销可以在各地发售，造成地方国债办的难以确定实际发售数额，影响发行工作。三是认为专业银行资金加入承销队伍，造成诸多弊端，造成混业经营，银行资金与证券资金混淆，影响国家的银行信贷计划等。这些体制与观念的碰撞，立即反映到公司所参加的本次国债承购包销。

我拿着副主干事的荣誉和3.1亿国债回到了上海，准备具体组织国债的发行工作，3.1亿在当年可不是个小数字。没过几天，交行上海分行领导召我汇报此项工作，我简单地汇报了北京之行，并告知是受总行委托前去参加的。他听后狠狠地批评了我，说我是自作主张上北京参加此活动，并要我以后跟总行说说清楚。原来他在参加上海市1991年国债发行工作联席会议时，市里有关负责人严肃地点名批评了交行上海分行，原因就是海通自说自话地前去北京参加国债的承购包销，此举造成了上海资金外流，影响上海的信贷平衡。

我那时年轻气盛不买账，回答道，一是总行行长要我去，我总不能说我向分行汇报后再定吧！如果我向您汇报，您是同意呢还是不同意？二是关于资金外流问题，应该辩证看待，在发行时是资金外流，但在3年后国债兑付时连本带息都回来了，因此外流是阶段性的，资金最终会连本带息、带着增量回到上海的。三是国债二级市场早已开放，外地国债大量涌入上海，意味着大量资金外流，远远不止3个亿，打破了资金的画地为牢各自为政，也是金融体制改革的需要。四是请领导向市政府汇报，海通包销的1991年度国债3.1亿元，保证不在上海地区销售一分钱，这样避免上海资金外流。至于国库券已经包销了，退不回去了，此事只能不了了之，但我因此在分行领导心中有了不好管理、不服管理的印象。我为何敢于承诺包销的国债不在上海销售？那是因为当时市面上国债已经畅销，甚至有很多人开后门前来求购，外省市得知海通包销了3.1亿元，也纷纷向海通求购。事实上，1991年的国债已成了皇帝的女儿不愁嫁了，所以我才有此底气做出承诺。随后公司组织了交通银行系统国库券承销活动，公司作为主承销与交通银行各分支机构分销国债（见图5-1）。公司在此次承销中确实风光了一把。

第五章 国债业务

图 5-1　交行系统 1991 年国库券承销

第二节　千里迢迢背国库券

我国的证券流通市场，是从 1988 年 4 月 21 日国债正式进行柜台交易时开始建立的。由于先前采用行政摊派方式发行国债实物券即国库券，人多面广，每人每年仅有几十元上百元，因此一旦可以上市交易，持券人便到交易柜台卖出，很多人持有的是 5 元（见图 5-2）、10 元甚至还有 1 元面值的国库券。这些国库券上市之初，有些甚至直接跌进面值。由于单个个人出售金额较低，人们根本不在乎亏损这几元钱，只求迅速变现，拿到现钱心里才踏实。国库券于 1988 年 6 月 13 日在天津上市，居民竞相抛售，第一天证券公司库存 7.95 万元，两天后上升至 97.1 万元，到第十天猛增到 500 万元。各证券公司资金承受能力趋于极限，有的证券公司高挂买入免战牌，只卖出不买入。在天津这样的大城市买卖不平衡，抛售国库券是如此凶猛，那么在那些中小城市和边远山区就可想而知了。与此同时，上海、深圳等地人们的金

047

图 5-2　5 元国库券样张

融意识较强,此时买进国库券的年收益率为 14% 以上,远远高于同期的银行储蓄存款利率。于是在这些大城市的人们投资二手国库券的热情高涨。这样国库券就来了个农村包围城市,实物券来了个大转移。资金可以汇款,而国库券却只能肩扛手提进入上海,这种形式上海人称之为背国库券。来自上海的各路背券大军活跃在祖国的大江南北。

杨怀定,1988 年 2 月辞职倒腾国库券赚了大钱,个人资产迅速上升到七位数,所以江湖号称"杨百万"。他拿着 2 万元起步,倒腾一次国库券能赚 2 千多元,本钱迅速膨胀。到后来拿着一箱子现金到外地调换成一箱子国库券回上海,卖给券商又换成现金。哪里有国库券,哪里有差价,就往哪里钻。到后来雇了公安局的保安进行异地交易,杨怀定就此发达起来。

说起来上海的万国、申银、海通三家证券公司都经历过这紧张的、危险的背国库券。1989 年 12 月,担任工行上海信托投资公司副总的阚治东,带着一帮弟兄来到大雪纷飞、滴水成冰的哈尔滨,用 1 000 多万元支票换来了 50 箱国库券,把国库券放在火车前头的行李车上,人、枪 24 小时值班,经过几十个小时的路途颠簸终于安全运回上海。1991 年夏季,万国证券的一帮年轻人,把该公司在北京、天津、河北廊坊等几个地方上亿元的国库券集中在天津,近 80 个麻袋,装上火车邮政车,押运的小伙子双目紧盯装有国库券的麻袋,唯恐麻袋丢了,直至运抵上海。

海通是上海有影响的证券公司，同样活跃在背国库券的大军行列中。我亲自参加的、印象最深的尚属湖北武汉经陆路至上海的背国库券。记得是在 1991 年上半年，公司与武汉、湖北证券公司先后交易了 2 000 多万元的国库券，都存放在武汉当地。为了及时运回上海，公司决定前去提券。当我向交行上海分行汇报此事时，交行上海分行领导面露难色，担心安全问题。于是我说道，我自己前往押运，并汇报了相关的安全保障措施，他这才同意。

我带着余伟和关剑 2 人（见图 5-3），前往武汉提取 2 000 多万元的国库券。到达武汉后，商请当地人行的支持，我们 3 人先将在武汉当地的国库券集中到人行金库，搬上搬下忙得汗流浃背。记得国库券集中完成后已是下午 2:00 了，为保证安全及时运走，决定下午 3:00 就出发。当地人行派了两台车：一台是面包车作为押运，另一台为运钞车。运钞车上装了五六十麻袋的国库券，一捆国库券重约 1.7 公斤，一麻袋 28 捆重约 47.6 公斤，总重量超过 2 吨。武汉方面指派了 2 名驾驶员、3 名经济警察，并配备了一支冲锋枪

图 5-3　武汉提券留影：关剑（左），汤仁荣（中），余伟（右）

和两支短枪。武汉方面所派人员在出发前十分钟才知道此行的任务和目的地。

下午3:00我们一行8人从武汉出发,一路向上海进发,为了安全饭也顾不上吃。押运车忽前忽后,深夜翻越大别山。此时我忽然想起解放战争时刘邓大军挺进大别山,拉开了解放军反攻的大幕。而我们此时翻越大别山,也将为公司带来丰厚的收益。记得离合肥还有几十公里路时,天已蒙蒙亮,我们就停靠在路边的小店旁,轮流吃了早餐,那时离前一天在武汉吃午餐已经过去16小时了。在就餐时,有一小孩试图靠近车辆,经警马上持枪上前斥责赶走。早上六七点钟时,车辆穿过静悄悄的合肥向上海挺进,大概在下午1:00终于到达上海地界。进入市区我们更为紧张,车水马龙,交通拥挤,一路加强警戒,大约在下午5:00终于抵达长宁区愚园路的公司金库。我们又与等候在此的公司同仁一起卸车,把国库券搬入金库,忙完了已经满天繁星了。这是海通历史上运券规模最大的一次,也是唯一一次由陆路用汽车从外地运送至上海的,当然也是最辛苦最惊心动魄的一次。

当年这种背国库券回沪是常态,海陆空并进。我与周敏华等人还前往大连提券,乘船押运。那一次交行上海分行派两名经警带短枪押运,包了一个三等舱。至于空运,一般是当地派警员押运至机场,工作人员待装了国库券的麻袋上了行李仓后才最后一个登机。飞机到上海机场后,工作人员第一个下飞机,等候在行李仓旁。接机人带枪直接候在机场,然后直接运回金库。海通前两三年的大部分利润就是这么像农民工搬砖头一样搬出来的,每一分钱都浸透了海通人的汗水与艰辛。

海通的国债业务当然不仅仅是承购包销国库券和背国库券。在早期忙碌的柜台交易,每天几百笔业务,上百万券钞的进出,全凭公司同仁辛劳的双手。公司与外地同行的国债回购也撑起公司交易与收益的半边天。

海通的国债业务在事实上支撑起了早期的海通运行,是当时公司利润的主要来源。在发展国债业务时我也有自己的小九九,现在借本次新书出版向好友和读者袒露:一是参加国债承购包销,除了交行总行领导的支持外,更是想在"海通、万国、申银"三家证券公司的竞争中争得先机,因为当时海通的其他业务在同行中并不领先,必须要努力创新才能突破。别人认为可能有风险的业务,我们在确认能规避风险的情况下,愿意想方设法地去干。二是去全国各地背国库券,除了业务需要及安全考虑外,还考虑国库券兑付的手续费可以发放给职工做补贴。海通早期除了规定的工资奖金外,其他福利就是来自国债兑付手续费。三是当时信息沟通渠道不畅,各地观念不同,国债价格与上海存在较大的差异,这是公司赚取利润的好机会。

人生感悟:早期的国债业务是海通得以生存、发展的基础。要领先,就要敢于闯、敢于冒险。想要有收获就要吃苦耐劳,坐在办公室喝茶看报是等不来成功、换不来财富的。

第六章
国债组合凭证

1992年3月18日，国务院发布《中华人民共和国国库券条例》，该条例明确了通过发行国债筹集社会资金、进行社会主义现代化建设是一项长期任务，该《条例》的发布使我国的国债市场从此纳入法规管理体系。尽管国家从法律法规层面确定了国债的地位及作用，但好景不长，1992年7月10日，1992年第2期国库券开始发售，然而销售情况不尽如人意，到发行期结束仍未完成预定计划，只能将发行时间延长10天。与此同时在二级市场上，1992年第1期国库券已上市，但到年底每百元国库券的最低价格仅为94元。1992年年底，国库券转让价格大大低于面值，5年期国库券交易价格仅为80多元。到了1993年，国债发行更为艰难，1993年3月31日同时发行的5年期国债年利率为11%，3年期年利率为10%，但仍少有人问津，发行十分困难。原定4月30日截止的发行期被延长，到5月底，国库券发行完成不到计划发行数的25%。

为了推进国债发行，1993年7月10日，财政部将正在发行中的1993年3年期和5年期国库券的年利率分别从12.52%和14.06%调高至13.96%和15.86%。1993年面临严重的通货膨胀，经济过热，市场利率上升，国债交易价格大大低于发行价格，年收益率达22%左右。冷清的国债发行市场，低迷的国债流通市场，使整个国债市场陷入了低潮。国家急需筹集资金发展建设，市场急需金融创新品种搞活国债交易市场。1994年1月，一种新型的金融新品种——国债组合凭证面世了，它点燃了国债市场冬天里的一把火。

国债组合凭证是代为投资保管的一种国债组合凭证单据，以已经投资的国债为保证，从而保证投资者获取固定收益。国债组合凭证具有可随时兑现的灵活性，又具有投资收益的固定性，是集投资安全性、流动性和营利性三者为一体的金融投资工具。

在2018年1月的海通老同事迎新茶话会上，许多多年未见的老同事再次欢聚一堂，回忆往昔岁月，言谈中特别提到海通在1994年1月发行的国债组合凭证。确实我在海通的工作经历中，有许多事情让人难以忘怀，发行国债组合凭证就是其中的一件。

第一节　国债组合凭证的缘由

1993年下半年，国债市场十分不景气，二级市场上国债收益率高达20%～22%，很多已跌破了面值，即便这样高的收益率，还是少人问津，成交量就如一潭死水。国债二级市场的糟糕表现，反馈到一级市场，就表现为发行难，没人买，只能逐级摊派。可国家财政又急需资金搞建设，国债发行是重要的国库收入。因此，需要想方设法激活国债二级市场，从而推动一级市场的发行。

记得1993年7～8月，中国证券业协会应美国美林集团之邀，组成研修团，前往美国纽约的美林总部，进行长达40天的研修（见图6-1）。我和公司余伟同志参加了该研修团，财政部国债司的高坚司长也参加了该研修团。美林集团为了今后开拓中国的资本市场，十分重视此次的研修，配备了专职人员具体落实每一次讲课，给我们讲课的老师都是该集团各部门的专家。为了提高讲课效率，专门请了联合国的2名翻译作同声翻译。

图 6-1　1993 年美国美林集团研修班留影

白天我们一行人在美林集团听专家讲课，晚上回宾馆继续研讨中国的证券市场，学习氛围相当浓厚。美国证券市场的先进、完善程度，从头到脚震撼了我的内心。尤其是国内国债交易的冷清与美国国债交易的盛况形成巨大的反差，大家都在找寻为何会有这种情况出现？

专家在讲课时谈到，外国公司在纽交所上市时所采用的是存托凭证（ADR），一份凭证就代表了该公司的固定数量的股票。这个给了我灵感，能否以国债为保证，发行公司的凭证呢？一次高司长见到我，跟我谈论起国债市场。说着说着，就谈到"市场那么冷清，国内国债一直发不出去怎么办"这个老问题。

"如果我设计出来一种流动性高、老百姓欢迎、不用承担风险的产品，你们财政部是否支持？"我问高司长。

"你是无法设计出的。买国债老百姓肯定要承担风险的，可是要老百姓承担风险他们就不买国债了"，高司长摇头说。

"如果我设计出来了，你能批吗？"我又问道。

第六章 国债组合凭证

"那我肯定能批"，高司长笑着答道。他肯定不相信我能设计出这样的产品，老百姓既欢迎又不用承担风险，国家又能把国债的发行问题给解决了，多赢格局啊！

我回到上海就仔细琢磨，老百姓为什么不买收益这么高的国债呢？哦，是担心它的流动性差吗？老百姓越是不买，国债的流动性就越差；另外，当时为了完成国债发行任务，许多地方又恢复了用行政手段，以企业为单位，摊派国债到基层，甚至有的企业直接从员工的工资中扣除，这也让人对它本能地产生排斥。人之天性，认为不好的东西才会摊派，好东西大家都会疯抢。

我经过深思熟虑，设计出了一个国债组合凭证的产品。我的思路是，把1991、1992年的各种国债都买点回来，先买它1个亿，以公司名义再发行组合凭证。购买者可以随时在公司营业部柜台交易凭证，取得现金。交易时的价格，按约定的收益率，以持有凭证的时间长短来计算，也就相当于是"活期存款，享受定期利息"。公司拿到的国债收益率高，卖给老百姓的收益率就降低一点，其中的差价不就是公司的利润吗？而老百姓得到的收益却比储蓄高得多，不就有购买的积极性了吗？在流动性方面，老百姓拿着凭证，可以随时到营业部柜台进行交易，并按约定的价格取得现金，他们不就放心了吗？

那么，为什么用国债做标的来设计组合收益凭证呢？这可不是随手拈来的，也是经过深思熟虑的。首先是国债，人们一看就明了，凭证是以国债为依托的；其次是组合，它是国家发行的多年份多品种，而不是单一品种的某一年的国债，风险分散；再次是收益，而非利率与利息，它表明了是一种流通手段，而非筹资工具。因为如果是筹资，用的是利率与利息，而收益则是二级市场对国债收入的用语。最后是凭证，它借鉴的是美国股票存托凭证，而我们是国债存托凭证。于是，一种百分之百由公司创新的产品——国债组合凭证问世了。

在1993年12月中旬，我请公司的凌启祥同志带着申请与凭证的发行章程前往北京财政部审批，那时，国债发行这一块业务归财政部主管。老凌到了北京后，找到了财政部国债司的高司长，高司长看了申请报告与发行章程后表示支持，但又为难地说，如果报部里审批，过程很繁琐，且时间也会很长。老凌在电话里跟我汇报了此情况，于是我说，只要国债司审批就行了。最后由国债司下面的流通处，依据我们公司的申请报告与发行章程，手写了一份文件，表示同意我们在上海试点，高司长签字后盖上了国债司的印章，就此完成了这份"没有文号、最简单最实用"的国家级批文。高司长为了搞活国债市场、推进国债的顺利发行，努力地尽着自己的一份力量，这种敢于担当的精神我从心底尊重和敬佩。

此后，审计署前来审计交行时延伸审计海通，问及国债组合凭证的批文，公司就拿出了皱巴巴的手写批文，审计署的同志看后直摇头：这也能算批文？但盖了财政部国债司的印章，谁又能说它不是批文呢？最终关于批文的事情也就不了了之。此批文原件应该在海通档案室能查到。

第二节　国债组合凭证隆重推出

一、前期准备

公司在获准试点发行之时立即着手具体前期准备工作。我们制定了《发行国债组合凭证章程》《发行国债组合凭证的宣传资料》，联系印刷凭证的单位，并从1993年12月15日以后陆续在全国各地的证券交易所（中心）、国债交易机构大量买进各年度的国债，作为国债组合凭证发行的保证。同时向上海市证券管理办公室、人行上海分行以及上交所做了汇报。为了使第一期国债组合凭证发行取得成功，公司多次召开有关部门参加的研讨会，研究可能出现的情况，制定相应的措施。

国债组合凭证发行前，公司召开了新闻发布会。有记者朋友事先问我是什么内容，让人感觉如果内容不能吸引人，他可能就不来了。我自信满满地告诉他，如果不来参加你肯定会后悔。1994年1月3日下午2:00在公司本部召开了发行国债组合凭证的新闻发布会（见图6-2），上海及中央新闻单位驻沪记者站的新闻记者、上海市证券管理办公室、交行上海分行等数十人参加了此次发布会。

图 6-2　国债组合凭证新闻发布会

在新闻发布会上有记者提问，这个产品到底是债券，抑或是储蓄？我回答都不是。债券不是由我们来筹集资金的，储蓄是银行的业务。记者又问：你这个产品到底是什么？我说是二级市场变相的一种流通手段或者说是工具，换句话说就是我们帮老百姓托底，国家帮我们托底。也有人问我：如果老百姓一起来兑换，你怎么办？其实，我研究过的，由于组合凭证收益高于银行储蓄利息，一般人需要用钱，第一个是动用活期存款，然后才是定期存款，除了个别家庭以外，这两项钱一般是够用的。如果碰到意外急需资金，那就可以在公司各营业柜台卖出国债组合凭证取得资金，能及时满足老百姓的兑付需要。我们的产品是集储蓄、债券、低风险、流通性为一体的产品。与会记者兴趣甚浓，详细了解了国债组合凭证的具体情况。新闻发布会结束后，50多条新闻涌现在报纸、广播和电视，那个年代，人们对新生事物总保持学习的激情，社会上掀起了一个了解国债组合凭证的小高潮。

二、隆重推出

经过前期充分的论证和准备工作后,公司于 1994 年 1 月 5 日隆重推出了第一期国债组合凭证(见图 6-3),第一期国债组合凭证期限 2 年,年收益率为 13.8%,它比同期的银行储蓄存款仅高 2 个百分点,比待偿期在 2 年左右的其他国债收益率低 2 个百分点。此次发行在上海全市共设立了 40 个销售点,遍布上海市区,在发行的当天,各销售点工作人员都提前到位,并落实相应的安保措施。各销售处纷至沓来购买者络绎不绝,出现了近年来购买国债从未有过的喜人景象,营业部门前,老百姓纷纷排队购买,他们把本来

图 6-3 第一期国债组合凭证

第六章 国债组合凭证

要去银行储蓄和平时的闲钱都拿来购买凭证。不仅是老百姓买，连企业也纷纷购买凭证，甚至有很多人怕买不到，托关系开后门点名要来购买这种国债组合凭证。

发售情况一天比一天好，在最后的几天里排起了长龙，以至于工作人员不得不中午、晚上加班，以满足投资者的投资热情。在1994年1月12日，也就是销售的最后一天，直到晚上8:30才送走最后一位热心的国债组合凭证投资者。从1994年1月5日～12日的7天时间内（星期日照常进行），共发售国债组合凭证59 591.6万元，其中70%为个人投资者购买，发行取得了圆满成功。1994年1月12日发行结束后，仍有大量的投资者前来询问何时再推出第二期。为了满足广大投资者的需求，公司于1994年2月5日推出第二期国债组合凭证（见图6-4），期限半年，发行额2亿元。尽管时值除夕之际，但仍销售一空。

公司最初只买了1亿元国债，打算发放1亿元凭证。那年1年期的储蓄利率是8%～10%，公司发行的国债组合凭证收益率是10%～13.8%，仅高出2～3个百分点，但由于产品符合广大投资者的需求，投资者买入后再转让时也能按原定收益率计算，所以引发了一个抢购潮，卖！疯！了！当时追印纸质凭证已经来不及了，就用代保管单代替。公司计划发2亿～3亿，结果前后两期发了将近8个亿！在1994年，8亿是很多很多的钱了。

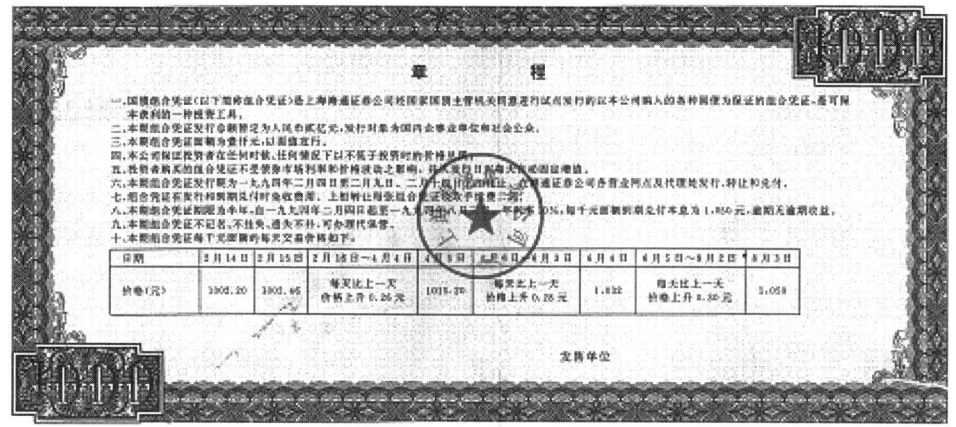

图 6-4　第二期国债组合凭证

三、发行取得了积极的效果

1994 年新春之际推出的国债组合凭证，在当时的国债市场上燃起了"冬天里的一把火"，达到了预期的效果。

1. 唤起了投资者投资国债的热情

从 1988~1993 年年底，由于受国内经济大环境的影响，整个国债市场时冷时热，特别是从 1992 年下半年开始，整个国债市场不尽如人意。此次推出的国债组合凭证集"收益性、安全性、流动性"于一体，受到投资者的普遍欢迎。在发售的当天，有的市民在早上 7:00 就到销售点排队等购，一位投资者把原准备投资股票的 2 万元全部购买了国债组合凭证，另一位投资者一次就购买了 62 万元。整个发售期间，从 1 万元至 10 万元数目不等的个人投资者占了大部分，由此可以看出广大投资者对投资国债组合凭证的热情程度。为此《中国证券报》在 1994 年 1 月 10 日头版发表了《证券市场呼唤投资新品种》的评论文章。

2. 活跃了国债市场

公司从 1993 年 12 月 15 日~1994 年 1 月 12 日连续地采用各种方式，通过不同渠道买入各种期限的国债达 5.5 亿元之多，使一度冷落的国债交易又出现高潮，仅据上交所统计资料表明：1993 年 12 月 15~31 日，国债成交量为5.19亿元，比前半月2.56亿元上升2.63亿元，升幅达102.73%。1994年1月5日公司推出国债组合凭证后，第一周上交所国债成交量5.4亿元，相当于1993年10月全月的交易量。与此同时，也推动了国债一级市场的发行，公司1994年在财政部组织的国债承购包销中，一次性包销了4亿元，引起同行的震惊，要知道当时国债交易还处于低迷阶段啊。

3. 恢复了国债应有的价格水平

长期以来国债价格一直处于低迷状态，金边债券受到冷遇。从1993年12月15日以后，由于公司大量买进国债，使国债交易价格连连攀升。1993年12月31日，上交所收盘价1991年国库券为122.55元、1992年1期为99元、1992年2期为104.30元，分别比1993年11月30日上升3.25元、5.7元和2.7元，升幅平均达3.52%，其收益率则下降2%以上。进入1994年1月后，各年度国债价格仍呈上升趋势，到1994年1月30日国债收益率又比1993年年末下降了1.5%左右，比1993年11月下降了3.5%以上（国债收益率与国债交易价格成反比）。

4. 公司取得了良好的收益

公司前后共购入8亿元国债，1993年12月购入时的国债年收益率在20%～22%，1994年1～2月购入时的国债年收益率在16%～18%。公司发行的国债组合凭证的年收益率第一期为13.8%，第二期为10%，两者相差的收益率即为公司的盈利。此举为公司创造了几千万元的利润。这也是1994年证券行业普遍效益不佳而公司盈利一枝独秀的主要原因。

国债组合凭证的发行，兼顾了国家、公司和老百姓三者利益，且能做到三者都满意，三者共赢，这是很不容易的。当然，能够成功发行国债组合凭证，还是因为我国的金融市场不发达，信息不畅通，是在当时的条件下可遇而不可求的市场机会，这就是创新的力量。

四、发行中的小插曲

国债组合凭证隆重推出前还有一个小插曲，这一小插曲是在发行后才得知的。发行前一天,有人反映到财政部领导,说这么好的事情,财政系统为什么不自己试行而要交给系统外的证券公司先试行呢?于是叫国债司来通知公司暂缓发行。幸亏当时还没有移动电话,国债司司长打电话给我,愣是没有找到我,所以第二天产品就顺利发出来了,否则我这个创新可能就永远"暂缓"了。

五、人行来调查

因国债组合凭证发行后引起了轰动,也引起了有关部门的关注。当时人行上海分行金管处的张宁处长(后来担任了上海证监局局长),前来公司了解情况。

张宁处长问我,"这是什么产品?"我说"这不是金融市场的普通产品,不像国债,不像储蓄,既没有利率,又保证收益;既不可提前兑付,又随时能按既定的价格转让,这就是本次发行的组合凭证,这是金融创新产品"。

她又问,"那为什么发行前,不先报人行审批?"我暗地里偷偷地笑了:假如我报你处,你能批准吗?于是答道,"这不是储蓄,不归人行管,国债归财政部管。财政部批了就由他们承担责任"。她说"不是报批2个亿吗?你超发了"。我又答道,"这是流通工具,是换种方式的交易行为,流通能限制交易量吗?关键是公司有没有足够的国债作为发行保证。"她看我解释得合理,又套不上任何现有的法规,再说又有财政部国债司的批复,也就不再追究了。后来,审计署也前来了解此事,追查其合法性,又是那张手写的批复,使公司过了关。

国债组合凭证发行后,各地证券公司纷纷前来取经,了解完相关的发行细节后都想发行。我说都可以发行呀,只要找财政部拿到批文就行。由于是试点,财政部此后就再未批复其他证券公司,由此还引起同行对财政部的不满。记得当年交行成都分行证券部,就是打着海通的名号,在成都发行了国债组合凭证。记忆中宁波证券公司也发行了类似的产品。当时万国开董事会,会上谈及海通的国债组合凭证,董事会责成万国管理层人员尽快创新、开发出新产品。公司当时还是属于交行上海分行管理,交行总行 1994 年的第一期简报专门介绍了海通的国债组合凭证,肯定了这个金融创新产品。

第三节　国债组合凭证发行后的启示

国债组合凭证一经推出,广大投资者对国债组合凭证趋之若鹜、争相认购。这一事例明确地提醒我们金融、证券业的管理和决策人员,必须拿出适合投资者需求的、更新更好的投资品种来,以满足不同投资者对于投资工具多样化、低风险、高流动性和较好回报的要求,从而达到多层次、多渠道、全方位地为筹集国家建设资金之需要。

通过国债组合凭证的成功发行,引起了对证券市场的有益启示。

启示之一,针对市场存在问题设计新品种。自从 1988 年 4 月 21 日开放国债流通市场以来,市场一直呈波浪形的状态。1988 年 4 月～1989 年,由于发行手段和通货膨胀等原因,国债交易价格一直处于低迷状态,有些券种跌入面值以内。1990～1992 年,人们认识了国债,加以通货膨胀得到了有效的制止,国债的发行与交易均呈活跃状态。然而到了 1992 年下半年开始,国债发行与交易又陷入一个新的低潮,发行市场不活跃,部分券种又跌入面值以内,有的甚至还不到九折,广大投资者普遍存在不愿意接受国债投资的风险,加上股票交易的活跃,使国债交易更显困难,国债的流动性受到相对的限制。

国债组合凭证就是针对国债市场存在的问题所设计,首先是将凭证投资的绝对风险化为零,国债投资风险由证券公司来承担。凭证按一定的价格每月上升一次,并保证以约定的价格兑现,此举免除了投资者的后顾之忧。其次是将凭证的流动性变为百分之一百,即投资者在任何时候都可以在海通证券公司的 33 个交易点兑现。再次是将凭证的收益固定且透明,凭证持有者的收益不受利率与债券市场价格影响，这些收益事先约定并明确载入章程。由于这三个设计原则克服了国债市场的缺陷，因而能一举获得成功。

由此联想开来，我们的金融市场在运作过程中能否也针对存在的问题来设计一些新的品种，促使整个市场的健康发展与活跃呢？如针对中小投资者投资热情较高，但面对股票市场品种繁多，行情起伏较大，由于要上班而可用于投资证券市场的时间有限，专业技巧缺乏，开发出更多各种类别的基金呢？又如外汇交易市场，针对广大外汇持有者量小面广、不易操作的状况，将其集中起来设计出一种保本分成的外汇商品来呢？由金融市场又联想到市场经济的其他各个领域，在现今已实现市场经济体制的运作中，不是同样也存在着各种问题吗？能否举一反三，设计出更多更好的新品种，以活跃与发展市场呢？

启示之二，根据不同的层次与需要设计新品种，全方位满足市场需求。1990年下半年，股票市场得到了迅速的发展，吸纳了巨额资金，有效地促进了股份制试点工作的进行与这些企业生产经营发展的需要。一批又一批勇敢的投资者涉入股海，然而茫茫的股海真乃"成也萧何，败也萧何"，几载下来是"几家欢喜几家愁"。然而能有条件勇敢投入股市的毕竟只是一部分人，还有相当一部分的投资者在股海边徘徊，他们需要一种低风险、较高回报、流动性强的投资工具，特别是一些老年人更偏重追求安全与收益。除了个人投资者外，机构投资者也是证券市场的主力，但限于可用资金的数量与时间，又不可能进入股市。股市的高收益固然吸引人，但股市的高风险更使他们心有余悸。凭证主要就是根据这两部分投资者层次而设计，在发售凭证的各个网点上，每天开门迎接的第一批客户几乎都是中老年人，在凭证发售的最后两天，机构投资者表现活跃，来电询问的电话铃声不断，认购者更是络绎不绝。公司开发了国债组合凭证这一新的投资工具，同时这一投资工具的推出又为公司开发了一大批新的证券投资者。由此产生了新了联想，在当今日益发展的证券市场上，能否根据不同的投资阶层，不同的收入来源与时间，不同的投资目的来设计更多的新产品呢？如对工薪阶层的投资可设计小额、长期的投资品种，对一定数额以上的投资者可设计大额的、长短结合的新品种。又如根据长期投资目的的投资者设计出长期、安全、收益又较高的新品种，以适应他们养老或子女教育等长期需要。推而广之，在商品市场的各个领域不也有一批可供开发的消费层次吗？

启示之三，充分开发证券中介机构的桥梁与纽带作用，促进市场的发展。证券商是证券市场上的中介机构，在以往的发行与交易中起到了积极的媒介作用，推动了证券市场的发展。可以说如果没有证券商的积极推进，我们的市场难以达到今天这样的兴旺与发达。随着市场的发展，对证券商的桥梁与纽带作用提出了更多的要求，不能只是停留在简单的发行与交易委托的中介行为。此次国债组合凭证的发售成功，对开发券商的桥梁与纽带作用作了有益的尝试。

首先，它在国家利益与投资者之间架起了桥梁。国家建设急需资金，又要采用市场方式推销国债，而投资者又不愿意承担更多的风险，证券商则通过转化的形式，分散风险，巧妙地将国债推销出去，此举使国家与投资者皆大欢喜。其次，它在市场与投资者之间架起了桥梁。1993 年 11 月，国债市场行情低落，投资者望而生畏，不敢大胆迈入。证券商大胆进入市场，通过购入国债后再发行组合凭证，从而带动国债市场的启动。进入 1994 年元月后，国债组合凭证的出台是行情上扬的重要因素之一，一方面是大量地购入国债以作为发放组合凭证的依托，使低落的行情迅速得到上升；另一方面大量购入国债吸引了广大投资者直接进入市场，从而活跃了市场。海通从 1993 年 12 月 15 日～1994 年 1 月 12 日连续不断采用各种方式、各种渠道买入各种期限的国债达 5.5 亿之多，使一度被冷落的国债交易又出现高潮。国债市场活跃，投资者纷纷入市，把 1994 年国债不断推向新的高潮。再次，它在发行证券与交易证券之间架起了桥梁。历来发行市场是筹集资金的场所，而交易市场则是已发行证券的转让场所。发行在前，交易在后。而国债组合凭证则架起了发行与交易融为一体的桥梁，它把进入交易市场的国债集中起来

进行再次"发行",通过发行凭证的形式完成交易的行为,从而活跃市场。

启示之四,从其他品种的长处开发新产品。国债组合凭证受到社会各界人士的欢迎,关键在于集中了有关品种的长处,从国债组合凭证发行的保证看,它是一种托管凭证(ADR),但它不是单一债券而是一组国债。从操作技巧看,是一种投资基金的组合,但它不同于基金,不是先筹资后投资,而是先投资后通过发行形式再回笼资金。从价格计算看,它类似储蓄固定增长,但它又具有债券转让的灵活性,可以通过转让收回本息。从收益分配看,它将长期的收益分解为随时可收回的短期收益,类似于定活两便储蓄,但其收益又高于定活两便与同期储蓄利率。正是这些品种的长处,使国债组合凭证具有较强的活力。由此联想到我们在证券市场的其他领域里能否也开发出一批新品种、新方式来呢,以促进市场健康稳定地向前发展。在发行市场上众多的发行方式,排队购买认购证、定额储蓄、发摇号单等,但都有不尽如人意之处。能否开发出既保留这些方式的长处,如公开、公平,又克服成本高、耗费大量人力物力的新方式呢?利用证交所遍布全国的网络,先进的技术手段,采用竞价方式来完成呢?这样岂不是既公开、公正,又利用了证交所现有的设备资源来降低成本,减少了大量的人力物力。又如股票发行额度的确定审批一般在每年的下半年,而企业的生产经营又迫切需要资金,能否通过发行可转换债券来解决。此种公司债经过批准可按固定价格转为新发行股票,债券利率较低,同时如果上级未批准则另行确定市场利率。这样就结合了债券、股票的长处,又解决了用款与筹资时间上的矛盾。

国债组合凭证的顺利推出获得了社会各阶层一致的良好反应,证明了我国证券市场的潜力所在,只要我们认真观察市场,根据市场的需要,分析各种品种、方式的长处与短处,来设计开发更多新的产品,就一定能使市场更加活跃,从而开发出更大的市场。

人生感悟:国债组合凭证的成功发行,是我从事证券业的得意之作,从中可以得到一些有益的启示，那就是无论是在工作中还是在生活中，遇到困难和挫折并不可怕，可怕的是不敢面对，就此消沉。只要分析存在的问题，借鉴他人的长处，拿出解决问题的方案，那就有一片充满阳光的康庄大道。

第七章
长宁的金库

金库——对几乎所有人来说，都是一个神秘的、装满财富的地方。位于上海浦东的上海中心大厦，建筑总体高度632米，有118层，是目前中国已经建成的第一高楼。中国第一地下金库就建在上海中心大厦的地下5层，拥有3万多个保险箱和24间库房，面积达7 000多平方米。金库有两扇出入的库门，每扇门重达2.15吨，相当于2辆小轿车的重量之和，厚度达26 cm，防火防爆防钻。库内可实现智能恒温、恒湿，并配有全球先进的生物控制系统，可以实现防虫、防蛀、漏水报警、空气颗粒物控制、24小时环境监测、智能控制照明等功能。中国第一金库的建成，使各路大亨、明星、老板的财富与隐私有了一个可靠的藏身之地。

1934年，中国银行史上最年轻的总经理张嘉璈信心满满地提出要在外滩建造新大楼。这就是我们今天所看到的外滩23号中国银行大楼。中国银行大楼1936年奠基，总面积达4万多平方米，而当时外滩10号的汇丰银行仅为2万平方米（后为上海市人民政府办公地，现为浦东发展银行大楼）。1937年中国银行大楼结构和外立面完工，进行内部装修。伴随着中国银行大楼的落成，也建成了当时的远东第一金库，它成了银行金条、货币、外汇最安全的栖身之地。

第七章 长宁的金库

在我国证券市场的发展初期,股票、国债等有价证券都是以实物券形式交易的,特别是国债的实物券——国库券,因当时发行的面值大多数是 5 元、10 元、50 元不等,最小还有 1 元的。所以伴随着证券市场的发展和交易量的迅速增加,实物券进出量大且频繁,就迫切需要有证券业自己的金库,以存放大量的各类有价证券(特别是国库券)。海通的长宁金库就此应运而生。

第一节 愚园路的历史

愚园路,上海西区的一条著名的马路。这条马路并不宽阔,却也不短,从最东端的静安寺开始一直延伸到最西端的中山公园附近。公司的长宁金库就位于西端的愚园路 1182 号。

愚园路是一条有着红色故事和红色历史的马路。

愚园路 1315 弄 4 号,是新西兰友人路易·艾黎在上海的故居。1934 年开始他参加上海第一国际的学习小组并与中国共产党建立联系。艾黎利用其担任英租界工部局工业科督察长的身份,支持中共开展秘密工作。中共上海党组织曾在愚园路 4 号顶楼架设电台,用以与正在进行长征的红军保持通讯联系。在这里,艾黎为苏区和红军购买医疗器械、药品以及各种物资,运往苏区。1962 年 6 月 1 日,艾黎故居被上海市人民政府公布为市级纪念地。

愚园路 1376 弄 34 号是《布尔塞维克》编辑部旧址。1927 年大革命失败后,中央机关从武汉迁往上海,决定重新出版中央机关刊物——《布尔塞维克》,瞿秋白、陈独秀、罗亦农等中央领导人都曾在这里工作和居住。

愚园路 579 弄 44 号,是刘晓故居。刘晓于 1937 年受中共中央委派来上海重建地下党组织。1946 年从延安又回上海,领导上海地下党的工作,1947 年升任中共中央上海局书记。刘晓在整个解放战争时期就居住在 44 号。

愚园路 81 号,是刘长胜故居。1946~1949 年,中共上海地下组织领导人，中共上海局副书记刘长胜就居住在此地。刘长胜家住二楼，中共上海地下市委书记张承宗住三楼。小楼成为当年中共中央上海局和中央上海市委的秘密机关之一。

海通的长宁金库就坐落在有着光荣历史的愚园路上。现在不知还有几人知晓海通的长宁金库，它是伴随着国债交易的日益发展而建设的，它为公司乃至上交所交易的无纸化作出了历史的贡献，提供了物质保障。

第二节　长宁金库的运行与管理

长宁金库位于愚园路1182号，具体位置是原长宁营业部的地下室，原为长宁区人民武装部用来存放一些军用物资的。随着公司业务的持续增长，国库券越来越多，交行上海分行也堆放不下了，于是公司与长宁人武部商量借用其地下室，建设成海通自己的金库。长宁金库在试运行一段时间后，除了为本公司服务外，还成为上交所实物券的专业库房。

具体来说，1991年4月，公司投资兴建了上海证券业中最大的金库——长宁金库，面积500多平方米，安装有电子监控等一系列在当时属于十分先进的防盗防护设施。长宁金库由长宁营业部内部的专用电梯直达。金库参照银行金库的设计要求建造，包括金库大门及外墙。金库防盗门厚达40多公分，全不锈钢材质，装有旋转式安全密码锁具，须两把钥匙同时插入锁眼，并转动密码锁，密码正确，两把钥匙才能同时转动打开金库防盗门。长宁金库因建在地下，比较潮湿，为此专门安装了通风装置和抽湿机，以确保金库的通风及干燥。

长宁金库一开始请了两名银行经济警察持枪守卫，没过多长时间为了更安全地守卫长宁金库，则专门请了上海武警部队三支队的战士24小时值班守卫，有7名武警战士入驻长宁金库，一名班长，6名战士。为此，长宁营业部特地设置了值班警卫室和宿舍。警卫室通常由两名武警战士持枪值班守

第七章　长宁的金库

卫，一般 2 小时换班，24 小时不间断，一年 365 天每天如此（见图 7-1）。

长宁金库日常管理由长宁营业部的黄克琴、余伟负责，还有陈咏梅、周敏华与陈辉等参与管库工作，并建立了一套相应的出入库管理制度。具体管库人员分两组，余伟和周敏华一组，黄克琴和陈辉一组。其中余伟和周敏华这组为首管，黄克琴和陈辉一组为替补。首管组的两人余伟和周敏华各持有一把金库大门钥匙，密码则有余伟一人掌握；同样替补组的黄克琴和陈辉也各持有一把金库大门备用钥匙，备用密码则有黄克琴一人掌握。并规定替补与首管只能一换一，也就是黄克琴只能换余伟，陈辉只能换周敏华，绝不能搞混。

长宁金库的账务由长宁营业部的财务陈咏梅负责记账，以及向上交所清算部报账。上交所清算部经理徐士敏曾多次来长宁金库指导工作，以及核对账目。

长宁金库作为上交所唯一的实物券专业库房正式启用后，上交所各会员单位陆续将需要在交易所场内交易的实物券从全国各地运送至长宁金库。上交所为此还特地制作了实物券专用袋和铅封以及入库单，由上交所会员单位按需领用。会员单位如果要将实物券入库，需将实物券装入专用袋，封上铅封，填好入库单，然后自行运送至长宁金库，由陈咏梅先审核入库单是否填写正确，铅封是否完整，审核无误后登记入账，实物券则交由余伟和周敏华放入库房。

那时，5 位管库人管理着长宁金库，很难想象这 5 位管库人都是兼职管理，他们的工作重心还是在长宁营业部，余伟和黄克琴是长宁营业部的负责人，陈咏梅是营业部的财务，周敏华和陈辉则在营业部柜台工作。兼职管理长宁金库责任重大，任务繁重，并且还是个体力活，非常非常的辛苦，有时半夜都得等着上交所会员单位送实物券来入库。每月的补助没几块钱，纯粹凭信念和觉悟支撑着。他们在繁忙的工作之余，随叫随到、加班加点、勤勤恳恳、任劳任怨做好长宁金库的管理，为长宁金库的日常安全运转做出了巨大的贡献。

据黄克琴老师回忆，海通所属相关营业部的国库券和票箱正常情况每天早上 8:00 前出库，下午 5:30 入库。本公司进出库的国库券和票箱属正常工作量，上交所下属的各会员单位的国库券才是大头，500 多平方米的库房常被他们的券堆得满满的，像一座座小山。它的入库时间不受日期、时间的限制，经"海、陆、空"进"货"的都有。当我接到上交所或海通的电话，通知某月某日某地某公司的国库券要到上海了，我们两个管库人就要提前等着，经常是几十袋几十箱的进库房，每件都有四五十斤。每次能进入金库内工作的只有指定的 2 个人，要按年份一一堆放整齐，便于出库，工作量真的很大，每次都累得满身是汗、腰也直不起来。那时我已是近退休的年龄了，确实是很辛苦啦！但我作为海通的员工，为公司业务应该无条件付出，同时作为上交所专业的实物券仓库，为了实现证券交易的无纸化所付出也是值得的。

随着上交所实现无纸化交易，一般国债、企业债实行记账式无纸化发行，同时证券公司客户资金由银行托管、银证转账、三方存管，取消了现金柜台，长宁金库也就完成了它的历史使命。长宁金库在证券市场发展的前

图 7-1　海通员工代表与武警战士欢度大年初一：葛维霞（左一）

期，发挥了积极的作用：一是解决了公司国库券和每天票箱的寄存，减轻了交行的压力；二是解决了同业寄存国库券的后顾之忧，因当时外地在沪的证券经营机构是没有库房的，国库券到沪后要入库，凭入库单才能在交易所入账交易；三是证券实物券的集中保管，除了债券实物券外，还有上市公司所发行的实物股票。长宁金库为上海证券市场的无纸化交易提供了保障。如果没有长宁金库，也许上交所的无纸化交易要推迟实现。

人生感悟：长宁金库从建成到撤销，虽然只有短短几年的时间，但是它为上交所实现无纸化交易提供了支持和保障，从一个侧面见证了上海证券市场飞速发展的历史。长宁金库无偿提供给上交所和各地同行使用，虽然是公司干了一件亏本的买卖，但历史会记住它：愚园路1182号——海通的长宁金库、上交所实物券的专用金库。

第八章
周浦的地

20世纪80年代，我国城镇住房制度改革前，基本实行"统一建设、统一管理、统一分配，以租养房"的公有住房实物分配制度。这种住房制度显然不能适应我国人口的迅速增长，不能满足人民群众日益增长的追求物质生活提高的需求。

1980年6月，中共中央、国务院在批转《全国基本建设工作会议汇报提纲》中指出："准许私人建房、私人买房，准许私人拥有自己的住房。"正式实行允许住房商品化政策，自此拉开了中国城镇住房制度改革的序幕。从1980~1984年，城镇职工住房基本上是国有企业购房后对职工进行福利分房，房屋所有权仍归国家所有。从20世纪90年代开始逐步向公民出售公有住房，俗称售后公房，该部分售后公房3年后可上市交易。同时单位职工实行货币化分房，每个职工依一定标准取得货币资金，直接向社会购买商品房。

1994年7月，国务院发布了《国务院关于深化城镇住房制度改革的决定》，全面推进城镇住房制度改革，至此我国开始进入了住房商品化，兴起了全国房地产市场发展的高潮。正是在住房制度改革的背景下，海通为解决职工住房困难，考虑买地建房。

第八章 周浦的地

周浦隶属于上海市浦东新区,地处浦东新区西部、黄浦江东岸,地理位置优越,水陆交通便利,是航运河网的中枢,内通钦塘各地,外与黄浦江相接。周浦距上海市中心人民广场仅16公里,是一座有着1 300多年历史的文化古镇。所谓浦东十八镇,"周浦第一镇"。在上海市区的辐射下,周浦地区商贾云集,店铺遍地,市场繁荣,故周浦镇又有"小上海"之称。为了解决职工的住房困难,海通与周浦结下了不解之缘。

海通在周浦有块地并建了房,海通的新老员工大部分都知道,但是能确切知道这块地来龙去脉的人就没有几个了,今天就来聊聊这海通唯一的房地产。

第一节 不务正业去买地

海通是一家专业的证券公司,时值1992年证券市场方兴未艾,为什么要去买地建房,且是当时尚属远离市中心的周浦?这几乎是所有海通人的疑惑,觉得不可思议。为什么这么做呢?这是因为,随着公司证券业务的发展,公司员工急速增加,解决员工住房成为当务之急。20世纪90年代初,职工住房主要是实行福利分房,在海通当时体制下,职工住房是由交行统一分配的,公司没有任何自主权。而交行分配住房则要根据职工原住房条件、工龄以及进交行的行龄来综合考虑,靠交行分配真是杯水车薪。而海通大量的员工是新进员工,这些人都不符合交行的分房条件。当时尽管社会上已经有了商品房,但海通又没有专用基金可以去买。衣食住行,职工住的问题一直比较头疼。职工特别是一些骨干又急需解决住房问题,怎么办?

记得当时电脑部的陈康良,为开发公司证券交易系统,一周内头发全脱光,家里居住条件又不好。为了使其能有一个好的工作环境,解决他的后顾之忧,我斗胆决定为其购买了位于闸北区的小二室分配给他,这也是公司第一次购买商品房。以后还给公司引进的第一位博士生李中钦,在杨浦区买了一套一居室的住房。为解决作为人才引进的一批硕士研究生宿舍,公司在杨浦区国年路购买了一套四室一厅的房子，作为他（她）们的集体宿舍，也就是今天所说的"人才公寓"。当然，这些房子的产权都在公司名下，账是挂在应收账款，直到我离开海通时还未进行账务处理。

我对合适的房源一直保持敏感。有一次听说有一批房源，大概有5～6套，几经洽谈，我与财务部的陈祖鳌老师带了300万元的支票，准备购买。此房源位于延安西路、江苏路转角。按约定的时间，我们到了房源实地，签完合同准备交易时，我要求对方出示房屋产权证，对方拿出了产权证的复印件，我不同意，非要看产证原件。中介说那时都是这样交易的，但我坚决不同意；中介又说房子很抢手，你不定下来一会儿又要涨了，但我不为所动；中介又说过半小时拿来，半小时到了仍不见拿来房产证原件。我对中介说，如果下午4:00前不到那就取消交易，结果等到下午4:00还没拿来，我与陈老师拿着支票打道回府。现在想来还心有余悸，此事未向交行请示，幸亏坚持看产证原件。如果当时成交了，有可能就上当受骗了，那后果不堪设想，也许海通以后就没我什么事了。

当时在为解决海通员工住房真是绞尽脑汁，所有办法都想过了。正好此时有人介绍说，周浦有一块地要出售，询问公司是否有兴趣。我考虑再三觉得可行，这是因为公司没有专用基金可购房，不可能所有买房的钱都挂账。买地造房出售后，归还买地的成本，剩余房子就是利润了。此时既可卖余房取得资金再买市区房，也可拿房源置换市区房，我考虑用此方法来解决职工住房问题。该提议经总经理办公会议讨论后执行。各位看到这里应该明白了，海通为啥不务正业去周浦买地建房了，为了留住人才，让员工能安心工作，安居乐业，公司的管理层用心良苦啊！

第二节 买地造房

1992年12月18日，我和沈德高副总经理与土地方代表——上海万峰房地产公司（以下简称万峰）黄国平总经理进行商务谈判，并具体商定开发时间。经过双方几个回合谈判，最后达成总体方案：一是公司与万峰签订了两份土地出让合同，一份是公司单独购买土地251亩（合同为255亩，实际土地证上为251亩），总价为3 571万元；另一份为公司与安徽投资者张荣根合买128亩土地，总价1 792万元，双方各占50%。该项目地处南汇县周浦镇，距离人民广场车程约45分钟。首期开发的就是与张老板合购的128亩地块，总建筑面积24 538平方米，共180套房子。

首期开发时，海通与万峰各投200万元，开发建造及相关手续均由万峰负责。同时各方一起商定工程项目进度：项目1993年1月完成三通一平，1月15日之前拟定规划方案、完成设计图纸，2月底之前完成规划报批，3月份正式开工（地块）项目。项目总体配套一次性设计完成，建筑部分分两期进行，实行滚动开发。一期共设计6幢多层，公司委派丁志英同志具体负责日常事务，万峰负责工程建设。

房产项目建设初期并无公交线路经过，即使郊区线路也不经过此处。为了解决建成后入住居民的出行问题，公司与万峰一起前往市公交总公司申请，争取公交公司开通市区线路。功夫不负有心人，经过努力，公交公司正式开辟了由人民广场作起点站、海通新村作终点站的581路公交线路。当然，站点、土地、设施由项目负责，其他诸如水、电等公共配套设施，经努力一一得到了解决。一期工程基本上按计划进度于1994年年初竣工。

房产项目在开发建设的同时，就启动了销售工作。周浦历年来有小上海之称，是浦东地区一个重要的集镇，销售工作较为顺利。然而在1994年年初，公司所启动的改制工作取得了重大的突破，人行总行批复同意公司改制方案，海通改制为有限责任公司，资本金扩充至10亿元。交行总行随即任命董文标同志为改制后的海通党组书记、总经理。当时海通新村的销售工作进展尚可，在销售超过2/3时，已经可收回所投的建设资金，随即停止了销售。由于一切待新官上任后再议，所剩余的1/3房源，由参与投资的各方按比例分配，项目的一期利润及前期的投入就变成了64套周浦的房产。

第三节 还算完美的结局

一期剩余64套房产,二期开发却陷入了停滞。但万峰却在海通新村旁边又拿了一批土地,建了独栋的花园别墅,称之为海通花苑。由于海通新村的前期已完成相应公共配套设施,因此海通花苑项目进度快、成本低,取得了良好的经济效益。万峰掘得了第一桶金,而海通改制后正忙于理顺关系,进行交行证券资源整合,无暇顾及海通新村的二期开发。时值1996年,房产开发陷入了低潮,海通又投入巨大精力调查国债期货亏损。万峰房产的黄总,为了不给本人添乱,由万峰出资二三百万元支付土地出让金,把尚未开发的用地即251亩和开发后剩余的土地29.3亩做成海通名下的土地证。土地证分为三张,第一张为"沪国用(南汇)字1992第429",土地面积为59.982亩,第二张为"沪国用(南批)字第583号",土地面积为191.031亩,第三张为"沪为用(南批)字第626号",土地面积为29.322亩,总计280.335亩。该项目直至本人离开海通时仍处于停滞状态。我离开后,公司派专人前往万峰调查此事,并要求查万峰的账。黄总对前去调查的人说,虽然汤总具体参与决策了此房产项目,但从开始至他离开,没吃过万峰一顿饭,你们凭什么前来查账?如果坚持要查也可以,但海通应归还万峰所垫付的土地出让金,此事后来也就不了了之。

此批剩余房屋先作为外地引进干部的宿舍,后来在2002年以每平方米1 700元左右的价格向公司内部员工出售,17万元左右就可以买一套。公司员工买了此房,如果能捂到今天,房价应至少涨十几倍,那也算发了笔小财。但是由于地处近郊,加上公司对职工购房价格与周边商品房相比,优惠力度不大,因此仅有几位员工购买了9套,剩余的房屋与未开发的土地,交由公司资产管理部门进行资产处置。

2001年年初,公司急需资金用于置换现在广东路的海通证券大厦,因此处置周浦房地产事宜又提到了议事日程。公司先行委托上海房地产估价师事务所有限公司对该地块土地使用权证载明的地块进行评估,该公司于 2001 年 9 月 30 日出具评估报告,评估总价为人民币 5 039 万元,每亩单价人民币 22.88 万元。2001 年 12 月 28 日,公司与四川富临实业集团有限公司合资成立上海富润房地产发展有限公司(以下简称富润),运作该地块的后续开发。海通以每亩 23.01 万元、总价为 6 450.54 万元的价格作价入股。富润成立后,四川富临实业集团有限公司以 6 450.54 万元的价格收购海通在富润的全部股权,同时另行出资收购属于海通前期开发的剩余房产,用作上海市区地块的动迁房。该项工作于 2002 年 10 月全部完成。富润在该地块开发建设了海富花园。当时沈德高同志碰到我时还说,周浦那块地已经处理了,所出售的金额不仅收回了本金,还收回了财务成本,即历年的资金利息。我答道,我们都知道买股票要买资源类的,而土地是不可再生的资源,现在急于处理,实在是不可思议。周浦土地出让半年后,上海房地产出现了一波暴涨,土地价格翻倍了,受让方发了笔大财。但不管怎么样,公司安全收回了当初的投资成本,何况回收的资金可用于收购海通证券大厦,也是一个还算完美的结局了。

人生感悟:海通到周浦拿地的前后经过以及不算成功的开发,说明人与公司一样,专业的事得由专业人、专业的公司去做,好的初心未必能做成事情,未必有好的结果。但还是要保持初心,只要初心是善的,在过程中即使波折再多,最终好人有好报。

第九章
早期的证券营业网点

20世纪90年代初,人行统一管理、审批金融机构的设置,对金融机构设置从严管理。对于全国性的金融机构、分支机构设置,统一根据国家行政区域设置,各分支机构在各自的行政区域内展开各项业务,绝不允许跨区域拓展业务。当时所有的商业银行、保险、信托、证券机构的设置,全部归人行统一管理。人行各地的分支机构负责辖区内金融机构分支机构的设置。1992年以后相继成立了全国性的三大证券公司,即国泰、华夏、南方。它们基本参照工行、中国银行、中国农业银行、建行,即四大国有银行的模式,按行政区域设立分公司。在1988年前后成立的证券公司,都不得在所在地行政区域以外的地区设立分支机构。此种局面直到1992年才得以松动,上海、深圳两地的证券公司经公司所在地人行和拟设立地人行批准后方可设立异地证券营业部。

现在的海通拥有庞大的营业网点,遍布祖国大江南北,并且在境外也设有分支机构。然而在海通创业期间,公司的营业网点又有多少呢?

第九章 早期的证券营业网点

第一节 证券业务代理处

1988年4月,国务院决定把1985年、1986年发行的国库券上市交易,使我国的债券流通市场进入了大发展阶段,使当时上海11个证券交易柜台应接不暇。证券交易代理柜台这种新的证券交易组织形式就在这时应运而生。证券代理机构是受托具有证券经营资质的金融机构开展业务,经营的有价证券必须是经主管机关批准的、向社会公开发行的、而且是章程写明可以转让的有价证券。其接受委托代理交易的范围包括:代理发行、代理买卖、代发股息红利、代理兑付债券本息等。证券代理机构的出现,有力地促进了当时国库券交易的发展,缓解了上市初期的"卖券难"。1988年人行上海分行先行批准23家城市信用社开办证券代理业务,证券交易代理柜台占上海柜台交易网点的60%,交易金额占上海全年交易总额3.05亿元的40%。截至1991年年底,上海全市共有101个证券交易柜台,其中代理机构有70个,占交易网点的70%。全市共有38家城市信用社成为证券经营机构的证券代理处。1991年全市柜台证券交易额为36亿元,其中38家代理处代理成交额为10.98亿元,占全市柜台交易总量的30%。

证券业务代理处,对于当今的大多数证券从业人员来讲是闻所未闻。在公司创业初期,如何快速发展营业网点成了公司的头等大事。然而创业初期公司仅有14名员工,人、财、物奇缺,巧妇难为无米之炊,没米怎么办?那就借米下锅,唯一的出路就是迅速发展公司的证券业务代理处。公司快速完成了代理处的全市网点布局,代理处成了公司初创时期营业网点的主力军。这既是社会需求,也是公司需求,同时也是代理机构的需求。

首先是社会需求:1988年4月,随着国债流通市场的开放,老百姓的买卖需求不断高涨,然而仅有的几个交易网点已难以满足老百姓的投资需求,为方便群众交易,迫切需要迅速增加营业网点。其次是公司需求:初创时期的人、财、物现状不允许广设营业部,借助代理处的人、财、物,可以迅速铺开网点，公司不用投入一分钱，不用增加一个人就能开展业务。记得当时讨论时，有同仁提出是否能盈利？我说道，我们的投入就是一块代理处铜牌500元钱，即使一分钱不赚，一块海通代理处铜牌挂在那里，就扩大了影响，权当广告费都合算。再次是代理机构的需求：代理机构主要是当时上海成立了一大批城市信用社，已经完成了网点建设、人员配备，但不能经营证券业务，只有通过证券公司授权才可以代理证券买卖。对他们而言也无需增加营业设施，适当增加1~2名工作人员就能够开展证券代理买卖业务，同时也可以带动其他业务的发展，一本万利的事情，何乐而不为呢？公司与代理机构的关系，用现在的话来说就是充分利用资源，优势互补，合作共赢。所以双方肯定是一拍即合。

1988年9月，公司在开业后一周内就与长宁信用社签订了证券代理处协议，主要是因为公司原聘用的倪江鳌、柴以源两位同志就在该处筹备长宁信用社。在1989年1月中旬，又与乳山信用社、自忠信用社签订了代理协议。截至1991年年底，海通在全市共设立证券代理处12个，1992年年底达16个，1993年达21个，截至1995年年底，公司市内代理处已达30个，它们是：自忠信用社、川北信用社、外滩信用社、鞍山信用社、中科信用社、桃源信用社、延中信用社、宛平信用社、广灵信用社、黄河信用社、曹家渡信用社、东大信用社、沪太信用社、武昌信用社、长宁信用社、文庙信用社、江浦信用社、定海信用社、方中信用社、京东信用社、周家渡信用社、安康信用社、威海信用社、新市信用社、铜仁信用社、提篮桥信用社、天宝信用社、华山信用社、乳山信用社、上海市信用合作社联社。公司的这批代理机构，经过代理证券业务实务锤炼，积累了丰富经验，为未来开展自身的证券业务打下了坚实基础。其中长宁信用社、文庙信用社、乳山信用社、江浦信用社、自忠信用社、提篮桥信用社及上海市信用合作社联社这7家代理处，后来成为上交所的正式会员。

证券业务代理处设立后，主要业务是代理公司国债实物券的买卖，成立之初，附近有需求的群众慢慢汇聚过来，业务也逐渐繁忙起来。代理处国债挂牌价格,是由公司交易部提供。交易部负责拟定当天的买卖价格,由聘用的翁祖恩老先生负责联络。交易部每天上班的第一件事,就是将拟定的买卖价格经总经理室批准后,由翁老先生在上午 9:00 前通知到各代理处,买卖价格与公司的交易同步。记得有几次国债行情波动较大,中午重新制定新的买卖价格,在下午 1:00 前再行通知各代理处。代理处严格按照公司制定的价格执行,如有大额交易,价格需浮动,必须事先报公司批准。在每次价格变动前,各代理处要报清买入、卖出成交额及各券种库存。代理处按交易额收取代理手续费,买卖差价归公司所有。平时国债实物券的进出则由公司交易部的詹鹤云负责,资金调拨、经济核算则由财务部负责。可别小看了这点蝇头小利,累积起来也是十分可观的,仅 1989 年上半年,这块代理业务就取得了 276 万元的收入。

当时证券业务代理处除了在上海设立外,公司还有一个跨地区的代理处,知道的人恐怕不多。那是在 1991 年,人行总行举办人行系统各省市地区一级支行的金管干部金融市场培训班,人行总行邀请我去给培训班讲课,讲的主要内容当然就是证券方面的理论、实务与操作。上课讲了一整天,应学员要求,晚上又加班讲。在讲课的当中,当然也少不了给公司做做软广告。讲课结束后,记得当时参加培训的人行贵州分行所属的黔西南州中心支行的金管科科长,向我提出代理公司的证券业务,我当场答应了。培训班结束后,人行贵州分行黔西南州中心支行的行长与该科长前来上海具体商谈此事,会谈结束后,双方签订了合同,约定成立海通黔西南州代理处。过了一段时间该代理处就正式开业了,寄来了一张有海通黔西南州证券代理处字样的开业挂牌照片,尽管山高路远公司无人参加(当然他们也没通知),但我还是高兴了一阵子,因为这个是讲课得来的代理处,黔西南州证券代理处也就成为海通在外省市的第一个证券营业网点。代理处主要在当地买入国债实物券,然后送到上海由公司收购,前后有好几次。

因此,在创业初期,代理处的营业网点数倍于公司的证券营业部,柜台交易数量占有公司较大的份额,其买卖差价创造的收益也占了公司 20% 左右的份额。然而这毕竟不是长远之计,只有加快发展,建立海通自己的证券营业部,才是公司壮大的基础。

第二节　上海本地的证券营业网点

公司在成立之初只有一个交易柜台,就是后来的黄浦营业部,最早是在江西中路200号的,后在1990年4月搬迁至四川中路480号。截至1991年年底,公司只有黄浦、长宁两个营业部(见图9-1),前者是公司创建时就有的,后者是在1990年8月成立的。公司经过这3年的创业,人、财、物都有了一定的积累,当时的业务发展和同业竞争也要求加快建设营业网点。公司在上海本地自建的营业网点在1991年年底时为2个,1992年时为9个,1993年时为11个,到1994年改制前时为13个。海通营业网点和第一任负责人(经理或主持工作的副经理)如表9-1所示。

图9-1　长宁营业部开业

表 9-1　海通营业网点及第一任负责人

营业网点名称	负责人姓名
1. 黄浦营业部	姚锡建
2. 长宁营业部	黄克琴
3. 闸北营业部	张建华
4. 新开河营业部	余 伟
5. 浦东即墨路营业部	沈德高（兼）
6. 宝山营业部	周秋苓
7. 彭浦营业部	金佩蓓
8. 延安西路营业部	王少燕
9. 国际业务部	陈培莉
10. 南翔营业部	王 伟
11. 卢湾营业部	范 桦
12. 浦城营业部	唐富根
13. 中原营业部	陆 雁

我之所以不惜篇幅列出上述各营业部及第一任负责人，那是我觉得为海通做出贡献的人不应该被遗忘，至少我作为他们曾经的领导，会永远记住并肩奋斗创业的老同事。这是历史客观事实，正是他们的不懈奋斗，才为今天海通的辉煌奠定了基础。

看着这些营业部和同事的名字，使我想起当初为建营业部而日夜奋斗的同仁，尤其是1992年，一年建了7个营业部。要知道那时人、财、物不能自主，大踏步地扩张有多难吗？记得总经理室定下了在某个区域建营业部，当时办公室的王伟、张伟忠等同志具体负责踩点、洽谈、装修，往往几个点齐头并进。人事部的葛维霞使出十八般武艺向交行要人，面向社会招聘，面向纺织、冶金系统搞劳务输入，该想的办法都想了。至于装修款则是老办法，挂在应收款账上。在那时的干部管理体制下，公司明确了某营业部的负责人，但正式任命往往滞后，有时要达半年之久。在工作实践中，一批新人脱颖而出，余伟、张建华两个大学生，进公司才一两年，因各方面表现优秀，就被提拔为营业部的负责人，所谓不拘一格降人才，在今天看来也是创造了用人的奇迹。一批从外单位调入的骨干，如黄克琴、金佩蓓、唐富根等人，在实践中摸索，学习能力很强，有激情有动力，很快就胜任新的岗位，成为合格的营业部负责人。

国际业务部是公司为开展 B 股业务而成立的业务机构，早期专司 B 股销售与 B 股交易，后期同时开展 A 股、债券交易业务。1991 年，为了扩大对外开放，利用资本市场筹集外汇资金，上海市人民政府、人行和上交所着手研究以市场化手段发行股票来有效吸收利用外资。为此公司于 1991 年 10 月开始筹备国际业务部，筹备小组由陈培莉、许莉、张幼奇 3 人组成，由陈培莉负责。

1991 年 10 月，上交所牵头成立了外币发行与交易筹备小组，筹备小组由上交所负责人及万国、申银、海通三家证券公司的国际业务部负责人组成，并且聘请美国花旗银行为顾问。经过 2 个多月的研究讨论，决定在上交所开辟 B 股专板市场，制定了一整套 B 股发行、交易与清算规则，至此正式确立了 B 股的运行模式。

1992 年 2 月 1 日，电真空增发 100 万股 B 股（每股面值为人民币 100 元）获得圆满成功，2 月 21 日在上交所正式上市交易。与此同时公司国际业务部宣告正式成立。考虑到公司对外形象与特殊服务对象，国际业务部的办公地点、营业场所设在静安寺的贵都国际大酒店内。国际业务部成立后主要做了三个方面的工作。

一、积极开拓客户资源

根据早期 B 股投资对象的规定，只有持有境外身份的人才可投资交易 B 股。业务部通过境外券商发展 B 股客户，由他们介绍境外投资人投资 B 股。国际业务部白天接待客户、安排交易及清算，晚上则邀请境外券商搞活动，常常忙到深夜，以争取更多的境外代理渠道。业务部也通过境内已发行 B 股的上市公司了解认购 B 股客户的情况，通过他们介绍已投资上市公司 B 股的客户成为我们公司的客户。业务部还通过公司的老客户介绍生活在国内的拥有境外身份的人士成为公司B股业务的客户。

二、积极配合发行部做好发行销售工作

B股的发行工作由公司发行部负责,但其销售工作主要由国际业务部承担。国际业务部一旦从发行部得知所发行B股的公司信息后,第一时间派员工介入,与拟发行B股的上市公司工作人员融洽关系,了解该公司的情况,积极进行销售推介,较好地完成了B股的发售工作。业务部与已发行B股的上市公司建立了良好的客户关系,使他们成为业务部最稳定的B股机构投资者。在获悉有增发信息后提供给发行部。由于有了上市公司的密切协作关系,除了公司主承销的B股上市公司外,业务部基本都参与了B股的分销,形成了一级市场与二级市场的良好互动。

三、积极做好B股的清算工作

B股市场开板之初,计算机清算软件还在开发之中,在刚开板的前两年,一直是手工计算操作的。在当天交易结束、取得了交易数据后,业务部全体人员开始进行手工清算操作,直至正确清算完成。有时遇到交易量大时,业务部组织全体人员加班加点清算,星星和月亮伴随着员工们回家。在近两年的手工清算中,靠着业务部全体员工细致而努力地工作,从未发生过一分钱的差错。

随着B股市场的发展,贵都国际大酒店租借的场地已经不能满足业务发展的需要了,于是,国际业务部于1994年7月迁址至徐汇区岳阳路。为了满足周边居民交易A股的需要,业务部开始经营上交所人民币A股与债券交易业务。

国际业务部从1992年2月成立后的5年中,虽然只有十几名员工,但业务部全体员工齐心协力、拼搏奋斗,在B股的客户数量及交易量的市场份额上始终保持着上海滩上三分天下。它为公司走出上海迈向国际市场打下了良好的基础。

第三节 外省市的证券营业网点

在金融体制改革初期,各地的金融机构未经批准不得跨省市开分支机构,更不准在本区域范围以外开展金融业务。记得上交所开业时,外省市金融机构不得成为上交所会员。怎么办?后来想了一个变通的办法,就是由这些外省市金融机构,通过人行上海分行批准成立××公司上海业务部,这样就算是上海本地的金融机构,从而成为上交所会员进场交易。直到1992年5月16日,人行上海分行才以[沪银金管(92)5116号]文颁发了《异地证券经营机构上海(证券)业务部管理暂行办法》。然而,随着证券市场的迅速发展,沪深两地证券市场的融合,原有的机构设置已不能满足证券市场的业务发展与证券公司业务的拓展。1992年7月13日,人行以[银发〔1992〕165号]文颁布了《中国人民银行关于证券机构跨地区设立证券交易部有关问题的通知》,该通知明确:

(1)为适应上海、深圳两地证券市场发展的需要,缓解两地证券营业机构网点不足的矛盾,已经被总行批准为上海、深圳证券交易所的异地会员,可在上海或深圳设立证券交易营业部。

(2)证券交易所异地会员在上海、深圳设立证券交易场所,一律由原会员机构所在地的人民银行省、自治区、直辖市分行审查同意后报人民银行上海、深圳分行审批,同时报总行备案。

(3)证券交易所异地会员在上海、深圳设立的证券交易营业部,应接受人民银行上海、深圳市分行的监督管理。

人行〔1992〕165号文颁发后,全国各证券经营机构纷纷开始在沪深两地设立证券交易营业部。公司作为国内有影响的券商,走出上海向全国进军已成为必然。公司1994年9月改制完成前,外省市营业网点分为公司直营网点与公司业务指导网点两大类,共有17家,其中公司直营网点4家,业务指导网点 13 家。

一、公司直营营业部的建立

1992 年 11 月，公司办公会议决定由穆可意同志筹建公司的深圳营业部。1992 年 12 月，穆可意只身前往深圳考察，设立公司深圳营业部。1993 年春节后，公司正式组成深圳营业部的筹备小组，他们是：穆可意、陈辉、江健民、张宇、徐蔚、王军（电脑）。他们从接到通知到正式成行也就短短几天的时间，不提任何困难，不提任何条件，不问赴外地工作年限就出发去开辟公司的深圳市场。此时此景，使我不禁想起在战争年代，党组织往往派几个干部，明确任务，前往明确区域开展革命工作，不惧困难，不怕牺牲，打出一片新天地。

公司对穆可意同志的要求是，深圳营业部要在 1993 年上半年正式开业。穆可意一行到深圳后放下行李就立刻行动起来，选址、报送深圳人行审批、营业场地的装修，争分夺秒抓紧时间赶进度。人事部葛维霞同志专程赴深圳招聘培训员工，丁树清副总、陈培莉同志也前往深圳帮助建立财务管理制度、培训财务人员。营业部新老员工齐心协力，终于在 1993 年 6 月 8 日正式开业。

深圳营业部位于深圳蛇口太子路 59 号，营业部面积有 2 000 多平方米，铺设专用电缆、电话线，拥有 200 门电话线路。为方便吸引客户，营业部拥有乒乓、卡拉 OK、落弹房等娱乐设施。穆可意在考察期间，借助招商证券席位为公司开通了深交所股票交易，方便上海股民买卖深交所上市的股票。营业部边筹建边开展业务，在营业部装修期间租借了几十平方米的房屋就开展业务，吸收了一批客户开展上交所上市的股票买卖。营业部做到当年筹备、当年开业、当年盈利的佳绩，打响了公司开设异地营业部的头炮。深圳营业部开业之时，万国、申银的深圳营业部还处于筹备之中。海通深圳营业部是上海证券经营机构中第一家进入深圳特区的证券营业部（见图 9-2）。

图 9-2 拥挤的营业部大厅

1993 年公司在筹建深圳营业部的同时，先后委派张国富同志筹建武汉营业部，委派高嘉慈同志筹建天津营业部，委派冯鼎真、钱文钢同志筹建沈阳营业部。几位同志不负众望，奔赴武汉、天津、沈阳，夜以继日地开展工作。

1993 年 6 月 15 日，在公司深圳营业部开业一周后，张国富同志只身前往武汉筹建武汉营业部。他戴着草帽、骑着自行车转遍武汉大街小巷，最终落脚于汉口民意四路 101 号，它属于武汉长印集团。武汉营业部经过一系列繁杂的选址、装修、审批、招聘、培训员工等工作后，于 1994 年 1 月正式开业。开业之初，股市行情一路走低，1994 年 1 月 3 日上证收盘指数为 833.90 点，到 1994 年 7 月 29 日收盘时上证指数仅为 333.92 点。在这过程中，部分大户不断增加透支进行补仓，亏损严重。营业部派专人全面盯守、关注这些客户的账户动态。好在从 7 月 29 日后股市全面回暖，到 9 月 9 日上证收盘指数接近 1 000 点达 997.67 点。张国富判断行情可能回落，于是他果断决定于周一，也就是 9 月 12 日对透支大户全部强制平仓。决定一出，在高涨的行情面前遭到客户的一致反对。为保证交易秩序，防止意外，他向当地公安机关求援,当地公安机关派出3名警察,携带戒具在9月12日开盘前在营业部大户室蹲守。9月12日上证开盘指数998.68点,迅速冲破1 000点大关,此时营业部进行强制平仓,大户室一片吵闹声,当天的上证收盘指数达到1 019.97点。9月13日股市继续上涨,上证指数盘中最高达1 052.94点,被强制平仓的大户们骂骂咧咧地离开了海通武汉营业部,前往其他券商处进行交易。然而两周后他们又回来了,并感谢营业部的强制平仓,因为此后行情持续回调,到9月30日上证收盘指数跌至791.15点,跌幅达20%以上。在此期间,有一客户利用当时交易制度的漏洞,在营业部透支50万元买入股票后,再到其他券商处抛掉股票后人间蒸发(当时未实行指定交易)。张国富同志派出多名员工,组成寻人小组,跑遍武汉三镇38家券商营业部,协助公安机关将其抓获,并如数追回50万元赃款。正是这种忠于职守、敢于担当的精神,维护了公司的利益,维护了客户的利益。

1993年8月,高家慈同志怀里揣着一纸海通天津营业部(筹)负责人的任命书出发了,天津营业部从选址到开业一波三折。初到天津,高家慈在交行天津分行证券部的协助下,来到了天津新华制衣厂,该厂地处天津海河附近,有600多平方米的闲置厂房。高家慈经与该厂分管副厂长谈妥了租赁条件、签订了房屋租赁合同,并上报经人行天津分行的批准后,准备施工装修了。此时该厂一把手找到老高表示歉意,并解释道该厂为中外合资企业,该厂分管副厂长在签订租赁合同时未征求外方意见,外方以工厂发展为理由否决了租赁合同。租赁合同成了一张废纸,高嘉慈同志只能向人行天津分行申请撤销营业部批文。尔后经过多次选址,找到了天津日报印刷厂,该印刷厂位于天津和平路277号,一楼为印刷车间,二楼厂房闲置,双方一拍即合,公司租赁二楼作为天津营业部。为了安全也为了方便,由印刷厂负责在房外增添楼梯通道至二楼。装修在进行,但通道迟迟未见动工。老高直接找到报社集团领导,在报社领导的直接关心下,他们花费数月与天津市有关部门多次协调,才得以动工修建二楼通道,为营业部开业扫除了障碍。1994年秋天,天津营业部终于建成开业,但开业当天,天津市公安局治安处、消防处、文保处一行亲临现场指导工作，并要求进行整改。原来初到天津、营业部装修时已征得天津公安消防处的认可，但因估计股民较多，故也需征得治安处的首肯，同时天津日报是天津公安文保处的重点关注单位，现在用于证券交易场所也要征得他们的同意。老高又经一番沟通协调才取得他们三个处的谅解，同意开业。正是高家慈同志这种百折不挠的实干精神，才使得天津营业部得以顺利建成开业。

1994年8月初，新婚2个月的钱文钢同志出征海通沈阳营业部。沈阳营业部是唯一一个公司与企业合作建立的营业部。该营业部是公司与沈阳金杯汽车财务公司合作、由财务公司负责向当地人行申请资质、人员配备、选址、装修，公司委派专人负责经营，实现利润双方分成。营业部建立在沈阳市铁西区的金杯大厦。营业部成立后，由于金融机构与企业理念不同，公司为了拓展证券业务，而企业则是作为融资窗口（客户保证金）。南方人与北方人性格差异，一度发生肢体冲突，因此双方一直处于磨合之中。公司派出的钱文刚同志不畏困难，顶住压力，坚守岗位。海通改制后本想交由沈阳分公司接手经营，出于种种原因分公司未能顺利接收。鉴于双方经营理念差异，合作困难重重，加之长期没有实现盈利，员工之间矛盾很大。后来由沈德高副总前去处理、平息纠纷。经双方友好协商，中止合作，亏损由我方承担，退回企业投资资金，人员由企业负责安排，最终得以妥善处理。关闭了该营业部，沈阳分公司拿着该营业部的金融许可证另觅他址。这也是海通因为经营问题而主动关闭的唯一一个营业部。

这四个异地直属证券营业部的建立，为公司向全国进军积累了经验，为走向全国打下了扎实的基础。此项工作直到公司改制完成才告一段落。

二、业务指导营业网点的建立

业务指导营业网点分为营业部与代理处两类，往往是两块牌子一套班子，即海通××营业部（代理处）与交行××分行证券部。

在营业部人员管理方面，营业部领导由当地交行提名，海通发文任命，在职工招聘、员工福利、考核等均由当地交行负责管理。在经济核算方面全部纳入当地核算范围，与海通本部无关，公司无利可图。营业部日常管理均由当地交行负责。公司仅仅负责具体业务操作的指导，交易所席位代表。当地可以通过挂牌海通迅速地取得海通可经营的业务范围，申请交易席位，在所在地从事股票、债券代理业务。可以这么说，海通是交行上海分行的海通，同时也是全国交行的海通，对于交行系统内部，业务方面完全是无条件支持。

公司第一家业务指导型的营业部为杭州营业部，第一任经理为任澎同志，上海本部委派穆可意同志为副经理，主要在业务方面进行帮助指导。当公司在浙江筹备杭州营业部时，万国在江苏筹备南京营业部。两家公司铆足了劲都想争取成为上海首家异地营业部。公司派出相关人员前往杭州，具体指导业务开展、安装电脑、连接上交所行情，夜以继日，争分夺秒，杭州营业部终于在1992年6月16日正式开业。交行总行李祥瑞董事长、人行上海分行罗时林副行长，以及人行浙江分行谢行长参加了隆重的开业庆典。

海通终于成为上海市首家建立异地营业部的公司。两天后即1992年6月18日，万国南京营业部正式开业。海通求顺，万国求发，结果大不一样，海通抢得先机。截至1994年9月海通改制，公司与交行合作又相继建立了宁波、青岛、昆明、岳阳、汕头、绍兴、温州、福州营业部，同时还成立了淄博、贵阳、遵义、新余代理处。这些营业部和代理处的成立，迅速扩大了海通的影响力，推动了当地交行证券业务的开拓，促进了所在地证券市场的发展。如昆明营业部的建立（见图9-3），改变了西南地区无股票交易的历史。公司在这类营业网点中虽无利可图，干着亏本的买卖，但是它促进了信息流通和人员交流，尤其是能及时了解一级市场股票发行的信息。

1994年公司改制前营业网点的建立，人力、财力都得到提升，尤其是脱颖而出的人才后备力量，为改制后的营业网点整合、营业网点的增设打下了扎实的基础。我们在庆祝海通成立30周年之际，向这些当年战斗在一线的员工致敬！

图 9-3　昆明营业部开业

人生感悟：海通早期营业网点的建设，体现了公司上下一条心，苦干实干，舍小家顾大局，以公司利益为优先的"海通创业精神"。"人心齐泰山移"，人有了这种精神，还有什么样的困难不能克服，还有什么样的事情干不成，还有什么样的目标不能达到！

第十章
证券发行也精彩

1987年3月27日，国务院颁布了《企业债券管理暂行条例》，1987年5月23日，上海市人民政府发布了《上海市企业债券管理暂行办法》《上海市股票管理暂行办法》。随着这些文件的出台，企业发行债券、企业进行改制发行股票多了起来。在早期的股票结构中分为国家股、法人股（法人股是指有法人资格的企事业单位用其自有资金购买的股份）。向社会公开发行股票主要是法人股和个人股。当时只有个人股可上市交易，而国家股和法人股是不可上市交易的。

证券发行业务是证券公司的主要业务，也是证券公司收入的重要组成部分。但在创业初期的那几年，市场刚起步，企业发行债券、股票较少，僧多粥少，同行之间竞争激烈，如何夺得承销业务成为业务开展的头等大事。本章介绍公司创业初期的几桩承销证券业务，管中窥豹，从中可以看到同行之间激烈的竞争，同时也可以看到公司同仁面对困难迎头直上的拼搏精神。

第一节 拼抢承销申能公司企业债券

申能股份有限公司（以下简称申能）于 1992 年 6 月由申能电力开发公司（以下简称申能公司）改制而成，是电力能源行业中最早改制为股份制的企业。申能是上海最重要的从事电力能源投资的公司，上海石洞口电厂、华能石洞口二厂、外高桥发电厂、吴泾热电厂等众多的上海发电厂均由其投资建成。申能于 1992 年 8 月发行 A 股，每股发行价 2.80 元。公司总股本 240 273.67 万股，其中国家股 206 309.67 万股，占总股本的 85.86%，法人股 25 000 万股，占总股本的 10.41%，个人股 8 964 万股，占总股本的 3.73%。申能个人股于 1993 年 4 月 16 日在上交所挂牌上市，股票代码为 600642。

申能是上海市较早利用直接融资的方式，筹集资金投资开发电力能源项目的投资公司。在申能改制成立前，其主体申能公司就多次利用发行债券筹集建设资金。1988 年 2 月 1 日，申能公司发行第一期公司贴现债券 2 950 万元，期限 3 年，1991 年 4 月 8 日，申能公司发行第二期公司贴现债券 2 980 万元，期限 2 年，1991 年 11 月 16 日，申能公司发行第三期公司债券 2 980 万元，期限 3 年。本节所讲述的是我们公司从建行虎口夺食为申能公司代理发行的第三期债券。

拼抢申能公司债券，是值得述说的一件事。在 20 世纪 90 年代初的金融体制下，国内四大行均有比较明确的分工。工行主要服务于工商企业，中国农业银行以服务农村市场为主，中国银行独家做海外业务，建行负责基本建设领域的金融服务，因此，此前的重大工程建设债券均由建行负责发行。例如，代理上海石油化工总厂的 30 万吨乙烯工程债券，上海氯碱化工总厂企业债券，以及申能公司企业贴现债券等。申能公司是上海重要的能源企业，该公司前二期发行的公司贴现债券均由他们承销发行，其他证券承销商并不

第十章 证券发行也精彩

占优势。

1991年11月初,申能公司打电话给交行上海分行信贷二部,询问是否有兴趣代理该公司发行公司债券。交行信贷二部的信贷员得知申能公司要发行债券的信息后,第一时间跑到海通,问我是否有兴趣发行申能公司债券。我正在盘算如何争取代理更多的企业发行债券与股票,拓展发行市场,当即一口答应,此时已经是下午2:00。信贷员与对方电话沟通后,我与信贷员立即挤上公交车前往申能公司。记得在下午3:00赶到申能公司后,马上与申能公司分管此项业务的副总经理、财务部经理展开发债具体事项的接洽,因为双方都带着把事情尽快办成的想法,所以谈的甚为融洽。到下午4:30,已谈妥相关内容,并商定第二天签署代理发行公司债券的协议。回到公司后我即刻着手起草代理发行公司债券协议,并请交行上海分行办公室加班打字成文,忙完已是晚上10:00多了。第二天上午,我与相关人员再次前往申能公司,在申能公司将代理发行相关细节稍作修改后敲定发行事宜,取得了申能公司签字盖章的代理发行文本回公司,下午又拿了盖好公司公章的协议再送达申能公司,同时申能公司向人行上海分行递交发行的申请。

那么申能公司为何本次要委托海通代理发行债券,而不找更对口的老合作伙伴建行呢?原来申能公司本次为发债的事情找过建行,谈了几次基本已定,但由于某些细节谈不拢,建行相关人员坚持不作任何让步,又不向他的上级领导汇报,事情僵在那儿了。申能公司对此十分不满,于是抱着试试看的心态向交行咨询。由于交行和海通反应迅速、谈判灵活、工作效率奇高,在24小时内完成接洽、谈判、签约工作,而此时建行还蒙在鼓里,正在抓紧时间布置申能公司债券销售事宜。

记得在签约后的第3天,建行上海信托投资公司司安培总经理亲自带人上门拜访了我。由于申能公司通知债券印刷厂改变债券印刷内容,他们从中得到消息而上门来探讨此次发行。因为公司代理发行已成定局,司总希望由海通代理发行,手续费全部由海通收取,但债券则全部由他们公司代为销售。原来建行已将此次债券发行布置到各销售网点，除柜面发行外，还预约了部分机构客户，如果全部由海通销售，岂不造成建行更大的负面影响？因此建行上海信托投资公司亏本买卖也要干。司总是我尊敬的老同志，也是老熟人，1978年在市委农村工作队工作共事过一年，他是奉贤工作队的队长，我是工作队成员，严格来讲还是我的老领导。但是两军交战各为其主，建行的负面影响正是海通工作效率的体现，我岂能完全答应？我考虑再三，只答应给建行分销三分之一，这既是考虑公司网点不足，也算顺势给司总卖个人情。毕竟都是同行，凡是留有余地，未来也许还能有其他合作，先把路铺好。

此次申能公司债券的发行树立了海通的工作效率、工作作风，同时也促进了券商改进工作作风，提高工作效率。后来听闻建行上海信托投资公司证券部负责人为此受到了行政处分。

1991年11月17日，申能公司第三期企业债券正式由公司代理发行，债券总额2980万元，期限3年，年利率10.21%。销售工作很顺利，发行取得了圆满成功。

正是这次代理发行申能公司债券（见图10-1）打下的良好基础，申能公司在1992年6月改制为申能时，由我公司担任其股票发行的主承销。

图10-1　申能公司企业债券样张

第二节　兵贵神速的天目药业辅导上市

在1991年8月,赤日炎炎似火烧。记得当时的《解放日报》刊登了一篇由浙江证券发布的新闻报道。报道称,浙江证券在上交所的交易额,在整个上交所会员中排名第三,列万国、申银之后,言下之意海通不如它。消息一出,公司上下颇为震动,大家纷纷指责该报道不符合实际,强烈要求给予澄清。而我对此未采取任何行动,毕竟直接就新闻报道进行反击,效果不好,也没有很好的切入点,但心里总想着怎么伺机反击,证明海通的实力。恰巧此时,交行杭州分行证券部来电告知,浙江天目药业有意在上交所上市,望公司派人接洽。接到此电话已是下午3:00,我当机立断,时不我待,决定马上出发。我带了发行部的同志开车赶赴杭州,到杭州已是晚上8:00,与交行杭州分行的胡行长一行利用晚餐时间简单了解了企业历史与现状。

第二天一早在胡行长陪同下,一起驱车赶往天目药业的所在地——浙江省临安县锦城镇,此时为上午9:00。天目药业全称为杭州天目山药业股份有限公司,该公司总经理钱永涛先生介绍了天目药业的具体情况:公司于1989年3月批准成立,通过公开发行股票组成,成立时总股本为650万元。公司主要从事中成药生产,这次就是想仿效浙江凤凰化工股份有限公司在上交所挂牌上市(浙江凤凰在上交所开业时就已上市,是老八股之一,也是第一家外省市企业在上交所上市)。天目药业与浙江凤凰同在1989年3月批准成立,并向社会公开发行股票。我向钱总介绍了海通的情况:海通为交行上海分行的全资子公司,前后代理过多家企业的股票、债券发行,海通为上交所常务理事单位,证券交易额始终名列前茅。同时着重介绍了海通独特的优势,那就是海通与交行联动,人民币与外汇业务联动等。双方介绍完了情况,达成初步意向时已近中午,中午就在该公司食堂用餐。下午1:30,双方在该公司接待室具体洽谈辅导上市协议,协议详细约定了双方的权力、义务和职责,谈完协议草案已是下午4:00,随即交由该公司打印。双方继续对协议进行补充修改和文字校对，下午 6：30 协议全部定稿。双方仍在食堂吃过晚餐，边吃边等协议打印完稿。到晚上 8：00 晚餐结束，天目药业一式数份的辅导上市协议经钱总签字、加盖公章后，交我们带回上海加盖海通公章后再寄回。天气还那么闷热，但我怀里揣着盖有天目药业大红公章的协议，心中的激动难以言表。忙了两天也不感觉劳累，披着星星驱车赶回上海的同时，时不时地哼哼小曲。

此时项目竞争对手浙江证券还蒙在鼓里。公司兵贵神速，一举在他们的地盘里争得了辅导上市，也算对前阵不实报道的有力还击，这也是公司第一次承销辅导外省市股份公司在上交所挂牌上市。

天目药业的上市也是一波三折、好事多磨。1991 年 8 月辅导上市，协议签订后即刻去证监会申请上市，但此时证监会对公司上市已有了不低于 1 000 万元股本规定。于是在 1992 年 6 月，该公司增发了 400 万元股票，总股本为 1 050 万元。待股本达标，材料重新整理，再次上证监会时，此时股票门槛提高到 3 000 万元，公司于 1993 年 2 月再次发行股票 2 100 万元，总股本达 3 150 万元。谁知由于各地上市企业增多，计划赶不上变化快，证监会总股本要求又提高到 5 000 万元。怎么办？在当地政府协调下，将临安县内燃机配件厂以手表螺钉生产线的房屋、设备作股 1 890 万元，成立了一家全资子公司临安手表螺钉厂，以生产螺钉、柄轴、微型轴承为主业。为方便协调双方利益，1 890 万元为优先股，由临安县内燃机配件厂持有，这也是上市公司中唯一设立的优先股。此时公司总股本为 5 040 万元，其中法人股（法人持有）3 780 万元（内含 1 890 万元优先股）占 75%，个人股（流通股）1 260 万元，占 25%。至此总算符合公司上市标准。公司取得代理资格兵贵神速，从谈判到签字前后总共才 11 个小时，但上市却经历了漫长的 24 个月。1993 年 8 月 23 日，天目药业几经波折终于在上交所敲响了上市的锣鼓声。至此，公司圆满地完成了外省市的第一单企业股票在上交所上市（见图 10-2）。

图 10-2　天目药业股票上市

第三节　演讲敲定的昆明机床与东方电机

1992年上半年，国家根据宏观经济形势与吸收外资的需要，开辟吸引外资的新渠道，在全国挑选了6家国企公司，进行股份制改造，并在香港发行H股，同时在国内发行A股。消息一出，证券公司闻风而动，当时上海的万国、申银、海通3家证券公司之间展开了白热化的竞争。说实话在3家证券公司中，海通处于劣势，当时万国、申银已经完成了股份制改制，万国的资本金已达10亿元，申银的资本金6亿元，海通当时的资本金仅为7 000万元（含美元500万元）。此时发行市场形成的格局是，万国以代理发行A股占优，申银以代理发行B投占优，海通明显处于下风。在1992年下半年6家大型改制国企中，申银拿下了青岛啤酒股份有限公司（青岛啤酒）、广州广船国际股份有限公司（广船国际），万国拿下了上海石油化工股份有限公司（上海石化），其余3家均未最后定夺。公司发行部与昆明机床股份有限公司（昆明机床）及东方电机股份有限公司（东方电机）保持了密切沟通，做了大量的工作，但是这两个公司在同行的竞争宣传下处于犹豫之中，海通的劣势是资本金和发行经验。

　　1992年8月，国家体改委为推动全国企业股份制改革和股票上市，在天津召开了几千人的大会，出席会议的对象为各省体改委，各省各选一家律师事务所、会计师事务所、证券公司。上海情况特殊，3家证券公司都受邀参加，3家证券公司都要在会上作演讲。3家证券公司发言分工是：万国讲A股的股份制改造，申银讲B股的发行与上市，海通则是讲A股发行的具体操作，并且再三强调在发言中不能为公司作广告。3家证券公司都依约提交了发言稿，发言顺序是万国为上午下半场，申银为下午上半场，海通为下午下半场。发言时间1小时，提问30分钟。在发言顺序上，海通较为不利，因为同为证券代理发行，难免有重复。记得发言那天我参加了上午下半场，那是由万国的王培君副总所作A股的发行与销售，她的主要内容是介绍证券公司如何去做代理发行股票与承销，当然也少不了为万国做软广告。那个演讲内容很多是我下午要讲的，我如果下午再讲这些不是成了炒冷饭了？没人要听的。怎么办？必须要调整演讲内容，讲那些股份改制企业对于具体承销感兴趣的内容，展示公司的另一方面。

　　中午我在天津宾馆构思下半场的演讲内容，拟就了演讲提纲。下午上半场，申银阚治东总经理作了B股的发行与上市的演讲。他以电真空为例，详细介绍了B股的发行、国际承销团的组织、与B股发行有关的法律和会计制度。记得当时是下午2:00～3:30为上半场阚治东讲，海通是下午3:30～5:00，由我主讲。主讲人讲1个小时，提问20分钟，10分钟休息。下午3:30我准时来到了会场，我演讲的内容是企业在股票发行上市中如何选择承销商，如何确定股票发行价格，如何签订承销合同，如何选择证券交易所。这些都是上市公司关心的问题。

　　在开始演讲时我就说明，讲完四个方面的内容，在时间上明显不够，但我每一个问题力求讲透、讲全，争取讲完两部分内容。首先演讲了如何选择证券承销商，因为券商竞争激烈，各有各的优势，因此他们也为难，这方面也是他们想知道的。我讲了选择证券承销商所应考虑的十个方面，主要内容：一是券商的承销资格，二是券商的资本实力，三是券商的承销业绩，四是券商的协调能力，五是券商解决难题的能力，六是股票发行价格确定，七是发行费用，八是承销方式，九是售后服务，十是项目经理。申银、万国的优势是资本金大，代理发行企业数量多，针对这一情况在十个方面中重点讲了资本实力、承销业绩与项目经理三个方面。在券商资本实力中详细介绍了资本与相关问题。

证券承销商的资本实力，对于股票发行具有重要的意义，意味着证券承销商在承销股票时所能承担风险的能力。在一般情况下，当然是承销商的资本越大越有利，但也并非绝对。在实际工作中，企业可根据市场情况和销售情况作出具体分析，再来选择承销商。企业在考察证券承销的资本时，可着重于以下几个因素：

(1) 资本与市场情况。企业在发行股票时，如果股票市场处于低潮，股票发行风险很大，此时承销商的资本显然是多多益善，因为一旦发不出去，承销商就能以其资本实力保障企业的筹资。但是如果股票市场处于高潮，投资者热情甚高，此时承销商资本的大小则显得无关紧要，因为股票十分畅销，供不应求，不存在发行风险。因此，企业要从股票市场的具体情况来考察资本实力。

(2) 资本与承销方式。所谓承销方式是指承销商用何种方式来接受企业发行股票的要求，承销方式主要分为代销和包销两种。在代销方式下，如果在股票承销期后有股票未能销售出去，则由企业负责，承销商将未销售完的股票退回给企业。在包销方式下，如果在承销期后有剩余股票，则由承销商负责收购。很显然，在代销方式下，证券商的资本大小与承销状况无关，而当采用包销方式时，资本大小就比较重要。

(3) 资本与承销数额。承销数是指企业公开发行股票的数量与金额。公开发行股票的数量包括法人股、个人股以及个人股中的职工内部股。股票的金额则是股票数量乘以每股的发行价格。如果企业发行股票的数额较小,那么对承销商的资本实力要求较低,反之则就要求资本实力雄厚。因此,对于那些发行数额较大的企业来讲,必须注重承销商的资本实力。

(4) 资本与业务总量。业务总量是指承销商在一段时间内承揽的各种股票发行的总数额。如果 A 证券公司具有 5 亿资本,一段时间内承揽了 10 亿的承销任务,那么就平均而言其资本与业务量之比为 1∶2,如果 B 证券公司拥有 5 000 万资本,在一段时间内承揽了 5 000 万元的承销业务,那么就其平均而言,资本与业务量之比为 1∶1。此时尽管 A 证券公司的资本量大于 B 证券公司,但是相对资本量却是 B 证券公司大大高于 A 证券公司。如果单从资本相对量考虑,显然企业应选择 B 证券公司。

(5) 资本与可用资本。资本量大显示了一个证券承销商的实力,但这并不意味着承销商实际可动用的资金量就一定大,在通常情况下承销商不会将所有资金存放在银行里,资金一般总要投入使用,如投资于债券、股票甚至房地产以及其他实业。因此,企业要看承销的实际可动用的资金数量和它所拥有资产的变现能力如何。如果两方面的状况均较好,那么,一旦发生发行风险时,承销商就具备实际承担风险的能力。总而言之,资本大实力强,但也要与市场情况作分析,在当今市场上股票供不应求,承销商资本实力的大小与承销发行无关,言下之意上市公司可以忽略不计。同时也讲包销与代销,同样的理由,在市场发热的条件下,不存在股票发行不出去的风险,而后者可减少发行费用。这两个问题巧妙地化解了公司资本金的劣势,不选大的,只选对的。

同时对企业如何看待承销业绩又作了详细的分析。承销业绩系指证券承销商以往承销股票发行业务的状况,通过了解过去的业绩,可以对承销商的销售能力、经验略知一二。考察承销商的发行业绩包括以下两个方面:

(1) 承销数额。在一般情况下,券商的承销数额越多,其经验也就越丰富,相应地,承销多遇到的问题也多,承销商的应变能力也就越强。在考察承销数额的基础上,还应考察承销的数量即承销企业股票的户数。考察承销的数额与数量时，还应分析具体品种，如企业的行业类别、承销股票的币类即 A 股与 B 股、承销股票的种类即法人股或个人股等。

（2）工作效率。在考察承销数额后，要考察承销商的工作效率。工作效率也可以认为是整个承销过程所花费的时间，包括方案设计、文件制作、承销团组织、发售实施以及上市推荐等。考察工作效率要根据承销项目的难易程度和大小具体分析所需的时间。

了解承销商业绩的方法是一听二看三了解。一听就是听其本身的介绍，通过承销商的介绍了解以往承销项目的数额。二看就是看几个承销商以往所做项目书面材料的质量。三了解就是到其服务的对象中去了解承销商的服务质量与服务效率，到与其协作过的其他承销商那里去了解具体情况。通过一听二看三了解就能比较全面地得知其承销业绩，从而能作恰如其分的评价。

券商的承销业绩是通过项目经理具体完成的，因此必须考察项目经理的素质与数量。承销商的服务内容、服务质量和服务效率是靠具体的员工所体现的，选择券商更要看具体派出项目经理的素质如何。

项目经理必须具备较高的学识和政策水平。股份制的改造是一项新的业务，涉及很多理论问题和新的政策。因此项目经理的学识和对政策把握的水平尤为重要。学识和政策水平可以以项目经理的学历、技术职称、发表的研究文章、对政策的熟悉程度、所了解的知识面等方面加以综合考察。

项目经理必须具备丰富的实践经验。项目经理所经办的股份制改造的项目情况，所经办的项目越多，经验就越丰富。了解项目经理实际承办项目的类型、规模、品种以及在项目中所起的作用与地位，了解项目经理所承办项目的成功与不足，项目单位对项目经理的综合评价等。

在这部分演讲中我特别强调以往承销业绩是上市公司选择证券承销商所应考虑的重要因素，承销业绩非常重要，但业绩只能说明过去。同时承销业绩包括承销数量，但这与券商的具体项目经理的数量与质量有关。如券商有 10 个发行项目，只有 5 个项目经理，每人负责 2 个，与券商有 5 个发行项目，但也有 5 个项目经理，显然后者更有优势。上市公司可以从项目经理负责的项目数和服务质量中进行比较与选择，要看具体项目经理的服务效率与工作专业水平。小医院也有好医生，不选过往，只选现在。通过这样分析演讲，巧妙地化解了公司业绩不如申银、万国的劣势。此外还谈了承销商资格、承销价格、承销费用、售后服务等。讲完这方面的内容已过 50 分钟。

接着又用了 30 分钟重点讲了如何确定股票发行价格。股票发行价格是股份制企业和证券承销商所共同关心的问题，往往也是两者讨论的关键所在。企业一般总希望发行价格高一点较为有利，认为既多筹集了资金，又说明了企业的信誉。而承销商一般提出的发行价格往往与企业提出的价格有所差异。企业有时往往造成误会，认为承销商总是希望价格低一点，以有利于发行。其实则不然，因为承销费用通常是按照发行价格计算的，发行价格越高承销商所收取的费用就越多。一般承销商所考虑的影响发行价格的因素主要是有以下三个方面：

(1) 确定发行价格是否合理可行，是否合理可行主要指是否反映了企业的现状与发展，推出的发行价格是否能被市场所接受，也即是否具有可操作性。因此发行价格并非是越高越好，如果发行价格过高，一旦发行不出去则前功尽弃。在实际的股票发行中，此种状况已有出现，这样不仅不能筹集足够的资金，影响生产经营，而且使企业信誉受到重大影响。

(2) 人民币股票与外资股的发行价格是否衔接。所谓人民币股就是通常所指的 A 股，所谓的外资股包括人民币特种股票和准备在香港发行的外资股，前者称 B 股，后者称 H 股。如果企业准备或者准备利用发行外资股引进外资，那么在确定 A 种股票发行价格时，必须充分考虑国际股票市场上的价格水平和海外投资者所能接受的价格，两种股票的发行价格应尽量一致，差距不宜过大。

(3) 发行价格与流通价格是否衔接。一个成功的发行价格不仅在于能够顺利地完成股票的发行工作，而且必须在一段时间内仍具有信誉力和生命力，也就是说能在流通市场上处于一种相对的稳定和上升。因此，确定发行价格时要对该股票未来在上市交易时的价格水平作一预测，尽量使其不出现大的波动，如果会出现大的波动则应采取相应措施使其避免，否则会影响企业信誉。讲完第二个问题已到了提问的时间，这时与会人员不提问，要求讲第三个问题，即如何签订股票承销合同，讲完后已过了 5:30 的晚餐时间。但会场气氛热烈，要求继续讲，我花了 15 分钟的时间简单地介绍了第四个问题，如何选择交易所。这方面我简明扼要地讲了选择交易所必须考虑的十个方面：一是证券交易的发展业绩，包括发展速度，自律管理，社会服务与解决问题的能力。二是市场容量，包括上市地的机构设置容量、交易所的计算机容量、交易所的场地容量以及上市证券容量。三是上市要求，包括上市标准，上市费用，信息披露，交易方式与清算交割。四是地理位置，包括公司与交易所的距离，公司所在地与交易所所在地的交通便利程度。五是交易所所在地的历史地位，包括所在地历史的金融地位、经济地位与对国内、国际的影响。六是交易所所在地的人口，包括常住人口与流动人口，人口的数量与质量。七是通信设备，包括交易所通信条件、所在地的通信条件和通讯部门的服务。八是经济协作与发展，包括上市公司产品流向、经济往来、发展规划与交易所以及交易所所在地的关系。九是上市环境，包括上市所在地的地区金融政策、财务审计队伍、律师事务所、证券公司以及上市所在地在国内国际上的地位。十是经济基础与发展，包括经济的综合性，经济的发展前景以及中央给予地方的优惠政策等。整个交易所的选择没有提到上交所，但所讲内容、所得出的结论是上市选择上海、选择上交所。作为上海券商和上交所的常务理事，也为上海和上交所作了一次软广告。那天晚餐为我的演讲延迟了半小时。

通过这次天津演讲，回答了上市公司在选择券商中的疑虑，也展示了公司的软实力。演讲结束当晚，昆明机床与东方电机的领导到我所住的房间，正式明确了由海通担任股票发行的主承销商。会议结束后，公司与昆明机床和东方电机正式签订了股票主承销代理合同，海通在这一轮竞争中也争得了一席之地。经发行部同仁的努力工作，昆明机床于 1993 年 11 月 23 日在香港正式发行H股6 500万元,于1993年12月3日正式发行A股6 000万元。东方电机于1994年5月30日在香港发行H股17 000万元,于1995年7月4日发行A股6 000万元,至此两家公司完成了A股与H股的发行。两家公司A股上市均选择了上交所。

以上代理发行是我印象深刻、竞争激烈的四个项目。公司在创业期间还为一大批企业代理发行公司债、A股与B股(见图10-3)。发行部当时也就七八个人,在分管副总的带领下,吴本瑾、张赛美、龚敏捷等同仁为此付出了辛勤的努力,常常出差在外两三个月,顾不上照顾家庭。也借此文向他们为海通发行业务所做出的贡献致敬,并真诚地说一句,你们辛苦了!

图10-3　中铅一厂改制

人生感悟:证券公司之间总有优势与劣势,就像人与人之间,总有长处与短处,关键在于如何结合实际,利用自身的优势来克服劣势,扬长避短,这样才有可能取得成功。

第十一章
我为海通作宣传

20世纪80年代初，一些有前瞻眼光的有识之士提出了债务、股票、股份制等这些产生于资本主义时代的产物时，引起了高层的关注，也产生了不同的看法，理论界为证券市场到底是姓"资"还是姓"社"争论不休。然而证券市场虽然产生于资本主义时代，但它并不是资本主义特有的产物，而是市场经济的产物，是社会发展的必然，是时代的进步。我国证券市场在争议声中开始发展起来。

直到1992年，改革开放的总设计师邓小平南行时讲到证券和股市时指出，社会主义本质是解放生产力，发展生产力，消灭剥削，消除两极分化，最终达到共同富裕。证券、股市这些东西究竟好不好，有没有危险，是不是资本主义独有的东西，社会主义能不能用？允许看，但要坚决地去试。看对了，搞一两年对了，放开，错了，纠正，关了就是。邓小平南行讲话后，姓"资"姓"社"的争论才算告一段落。然而社会主义市场经济条件下的证券市场究竟怎么搞，又是值得探索的问题，一切都是一张白纸。我国其他领域改革是摸着石头过河，因为改革是针对旧的体制、机制而言。而证券市场已在1949年被当作资本主义的产物而关闭，毫不夸张地说，证券市场是没有石头也要过河。

记得我在 1989 年写就的第一本书，书名为《证券的发行与流通》，而出版时竟变成了《证券的流通与发行》，这低级的错误在今天准不会犯，谁都知道先有发行再有流通，这不是先有鸡还是先有蛋的争论。我们的高级知识分子都会犯这样的错误，可见全民的金融意识，特别是股票、债券方面亟待启蒙。因此，作为券商，作为先行一步的我，有责任有义务向社会作宣传，普及证券知识，宣传证券市场，宣传海通的服务。

因为要生产并销售产品，在 20 世纪 80 年代末，社会上已经接受生产企业做广告，而对于金融企业的服务做广告，还没有太多案例。就海通来说，即使想通过广告推广品牌，也没有专项资金。那么靠什么来宣传海通、让人们了解海通、认识海通、走近海通，从而成为海通的合作者和客户呢？只能依靠不同方式，在不同场合宣传海通，也就是现在所说的展示实力，做软广告。

当时，证券市场的兴起与证券知识的匮乏形成了巨大的反差，无论是理论界还是实务界，无论是业内还是老百姓，都迫切想要了解证券市场实务和证券投资知识，因此出版相关书籍和音像制品，各种类型的演讲和培训班层出不穷。我也充分利用各种场合宣传海通，通过各种方式、各种手段使得外界了解海通，走近海通。

第一节　通过写书宣传海通

1986 年 9 月，当人们还在争论股票姓"资"还是姓"社"之时，我因为领导的一句话"你年轻去干点创新的事情"而被安排进入证券行业。那时我与社会上大多数人一样，对证券一无所知。工作所迫，使命所然，一切从头开始。我跑了一家又一家书店，想寻找一些有关证券市场的书籍，但一次次空手而归。当时在新华书店里既无从国外翻译进口的证券专著，也无介绍国内证券的书籍。于是我去寻访有关的专家，上海社科院的唐雄俊教授、人行的盛慕洁教授等学者都给予我很多指点，我如饥似渴地吸收一切与证券知识

第十一章 我为海通作宣传

有关的片段，记笔记、写心得，甚至对在文艺小说中对证券市场的描述都如获至宝、反复琢磨。边实践、边研究，干了一年多后，也就是在1987年下半年，上海这个昔日的远东金融中心的证券市场开始复苏，股票、债券在一夜间成了人们谈论最多的话题。一批信托投资公司纷纷建立证券部，他们同样遇到了一年前我曾经遇到过的问题，无书可读，所知甚少，大伙儿都想摸着石头过河。那时，几乎每天我都会和同行们一起探讨证券市场上的有关事宜：如何建立证券交易柜台，如何制订证券价格，如何进行行情预测，如何区分代理与自营，如何发行股票等，我忽然发现，我先行入行一年，在饱尝了摸索的艰难之后，自己似乎成了"专家"。

随着证券市场的发展，全国各地的同行也纷纷前来上海学习探讨。我已经饱尝了当初摸索的艰难、找不到书读的苦衷，同时也坚信改革开放的中国经济建设极需资本市场的发展，于是我决定将自己一年多时间里所学到的证券知识和所了解的规则、政策以及工作实践中的具体操作和体会写下来，一方面可以作些宣传总结；另一方面也可提供给证券同行参考，于是我萌发了写一本证券书籍来普及证券知识的想法。我本不是读书人，更不是写书人，一个"六九届"的初中毕业生，尔后仅在复旦大学进修了两年，与写书实在是太遥远了。但一种强烈的时代使命感，坚定了我写书的信心与决心。

我开始为写书做准备，总结入行一年多来对有关证券市场的认知、具体的柜台操作流程等。从1987年下半年开始我着手写作，先行写了8万余字，但出版社觉得太单薄，内容还不丰富，建议加以补充。正好在1987年11月，我应日本大和证券公司之邀前往日本，于是闲暇时间便处处留心，功夫不负有心人，把一些在国内罕见的证券相关资料收入囊中。回国后深入学习、研究、消化，对我的书稿再作补充，同时增加了对发展我国资本市场的见解，终于在1988年春节前夕写就了近15万字的《证券的发行与流通》。交行总行李祥瑞董事长在春节期间仔细审阅此书，并于1988年2月20日欣然作序。

他在序言中指出："我国经济发展的出路在于改革，经济改革的中心议题是发展有计划的商品经济。商品经济的发展需要金融市场相适应，于是股

票、债券等金融工具就应运而生了。

过去，由于'左'的错误影响，我们对许多束缚生产力发展的、并不具有社会主义本质属性的东西，或者只适合于某种特称历史条件的东西，被当作'社会主义原则'加以固守，许多在社会主义条件下有利于生产力发展和生产商品化、社会化、现代化的东西，被当作'资本主义复辟'加以反对。发行债券、股票，都是伴随社会化大生产的商品经济发展必然出现的，并不是资本主义所特有的，社会主义可以而且应当利用它来为自己服务。目前，我们社会上的债券、股票等证券还为数很少，从严格意义上讲，还没有真正形成证券市场。但是，随着经济的发展和金融改革的深化，可以预料，一个社会主义的新型证券市场必将在我国出现。

发展证券市场对于筹集社会主义建设资金，引导部分消费转化为积累，活跃金融都有积极作用。但是，同任何事物都具有两面性一样，发展证券市场也会带来一些消极因素，这就需要加强管理，在实践中限制其消极作用。人民银行是我国的中央银行，承担着对证券市场的领导和管理任务。证券市场的发展，需要各级金融机构的积极参与。交通银行是金融发展改革的产物，更应该为证券市场的发展做出自己的努力。中国人民银行在贯彻国务院关于重新组建交通银行的通知中指出'为了促进金融市场的形成，交通银行经人民银行批准，可以承办和受理货币市场、外汇（现汇）调剂市场和证券市场的具体业务'，因此积极参与证券市场是交通银行的一项重要任务。

由于历史上的原因，证券市场对大多数人来说是一件新事，本书作者对我国证券市场作了全面阐述，作为知识介绍和理论探讨，对于推动证券市场的发展是有益的。在社会主义条件下如何发展证券市场，还缺少经验，这就决定了本书在内容上还存在着一定的局限性，这是需要在实践中不断加以丰富和完善的。"

1988年3月，我将此书稿交由上海社会科学院出版社，出版社总编吴绍中先生进行出版审稿后同意出版。《证券发行与流通》一书共分为四个部分：第一部分由第一章至第三章组成，着重介绍了我国开放证券市场的意义和股票、债券的基本知识，对于国内股票、债券的种类也作了详细地介绍，还简要介绍了世界主要国家和地区的证券市场情况。第二部分由第四章至第六章组成，主要介绍了我国国内证券的发行程序、发行方式和发行成本，介绍了证券集资和证券投资决策以及证券收益。这部分对于理论工作者了解实务工作和实际工作者从事证券发行都有一定的积极作用。第三部分由第七章与第八章组成，着重介绍了证券流通市场的基本状况和国内证券流通市场的现状，介绍了国内证券流通市场的行情与特点，此外还介绍了国内证券交易柜台的实务操作。第四部分主要是第九章，针对目前国内证券发行市场和流通市场存在的问题提出了一些见解，同时对于开发新的金融商品和证券种类以及交易方式等也作了探讨。

但本书在出版时的遭遇却是一波三折。首先按照当时惯例，出版社要向新华书店征订，只有征订数在5 000册以上出版社才能达到保本线，不至于亏本，那时还不时兴赞助之类的事情。1988年3月，资本市场尚处初期，少有人关心，因此两轮新华书店征订才只有3 000多册。为了早日让此书面世，我说余下的2 000本书我包销。转眼已到1988年年底了，谁知此时适逢全国出版社系统整顿，新书出版事宜要待整顿完了才能恢复。这期间一些同行不断催问此书何时出版，1989年出版行业整顿结束，终于在1989年8月出了第一版。可当我拿到样书时却傻眼了，好好的书名《证券的发行与流通》，变成了《证券的流通与发行》，原则问题不容迟疑，我赶紧与吴总编联系，请其收回已向新华书店发送的书并重印。但是第二天吴总编回电称，新华书店上架的书三天全卖完，一本也收不回来了，只能第二次印刷时再行纠正。我也只能留了本"坏"书作纪念。后来此书1990年连续加印二次仍供不应求，这时海通已经成立。1991年1月根据金融市场的变化，我重新修订，出版社再出新版。

此书出版后在社会上引起强烈的反响。1990年8月21日，《新民晚报》以《一本宣传金融知识的好书》为题作了书评介绍，《新民晚报》在"读书乐"专栏中也专门介绍了此书，有读者看后打电话向出版社购书，当被告知暂无供应时，将接电话人责问一番，说既然无书可购，为何在《新民晚报》上作介绍。

1990年12月15日,《文汇报》以《贵在填补空白》为题作了书评介绍。书评写道,"当中国证券市场沉寂了三十多年后再度兴起而亟须理论指导时,中国的证券理论研究却是一片空白。近年来,虽有几本有关证券的论著问世,但多以介绍国外为主,比较全面、系统地对我国证券进行理论概括和探讨的,当推汤仁荣所著《证券的发行与流通》(上海社会科学出版社出版)了"。

书评又写道,"该书作者是一位参与了中国证券业起步的实际工作者,熟谙目前我国证券市场的全貌,因而,该书对证券市场开放的意义,我国证券的种类,证券发行的程序、方式和成本,证券集资的投资决策及收益,证券流通市场的基本状况、行情与特点,证券交易的操作等证券市场各个环节的描述和概括就显得系统和全面。但是,作者并不局限于客观的描述和一般的抽象,而是敢于提出一些针对现状的独到见解,如对目前有些债券投资收益率在个人和企业间相差甚大的状况,作者提出了个人与企业的证券投资收益率应一致的观点,并从六个方面进行了论证,颇具说服力"。

书评还写道,"将证券市场的发展放在改革开放和有计划商品的大背景下进行考察,力图探索社会主义证券市场形成的途径,是该书的一个鲜明特色。围绕着资金合理配置这个商品经济的重要课题,该书从金融体制、财政体制、投资体制、企业经营机制等各方面的改革中透视证券的发行与流通,论证了证券市场对建立新的宏观调控手段、调整产业结构、医治投资饥饿症、引导消费资金转化为投资等方面的功能,提出了限制买空卖空等消极因素的办法,由此界定了证券市场的社会主义性质和作用"。

书评最后写道,"尤其值得一读的是该书的第九章。在这一章中,作者提出了一系列促进证券市场规范化的见解,其中有的已付诸实践,如成立证券交易所,制订有关法规等;有的即将出台,如开发外汇债券商品等。充满了探索精神的这一章,为该书添色不少,也颇见作者功力"。

1990年12月16日,《文汇报》专门在该报的文汇论坛上发表了欧阳一韦《提倡企业家著书立说》一文,以下为全文:

近读《证券的发行与流通》一书,颇有感慨。中国证券业在沉寂了30

第十一章 我为海通作宣传

多年后，这是第一本比较系统、全面地论述社会主义证券市场的专著，被专家誉为"填补了一项理论空白"。这本著作的作者，并非学富五车的教授、学者，而是一位企业家——上海海通证券公司的总经理汤仁荣。

当今世界，著书立说的企业家并不少见。美国的福特、日本的松下幸之助在创建世界第一流大企业的同时，也曾有大作问世，他们的经营管理思想，被世界管理学界分别誉为"福特管理方式"和"松下管理方式"。而在中国，这样的企业家就是凤毛麟角了。因此，汤仁荣著作的出版，其意义不仅在于填补了我国证券理论的空白，也为中国企业家著书立说开了先河。

中国需要汤仁荣那样具有理论素质企业家，中国的企业家也应该著书立说，这是历史发展对企业家提出的高层次的要求。当有计划的商品经济取代产品经济时，厂长经理就不再是靠上级指令工作的"遵命管理者"，而变成了有自主意识和自主权的企业家，面对经常变化的经济形势和市场竞争，企业家只有掌握经济运行的规律、经济发展的走势，才能作出正确的决策，这就需要企业家们学习和研究理论。企业家的理论素质的提高，则为他们著书立说创造了条件。

企业家著书立说并非可望而不可即之事。目前，中国企业领导人的文化水平已有大幅度提高，许多人都受过高等教育，具有一定的写作能力。更为重要的是，企业家生活在实际工作第一线，实践中产生大量信息、经验和问题，他们都谙熟于胸。对这些第一手感性材料加以思考、分析、归纳，就可以上升为理性认识。近几年来，已有不少企业家结合工作实际写出了一批颇有见地的论文。而从论文到著作，其间并无不可逾越的鸿沟。

在繁忙紧张的工作中去撰文著书，是不是不务正业？回答当然是否定的。企业家从事一些理论研究，对他们的经营管理"正业"是大有裨益的。据汤仁荣介绍，他常将研究和写作中的一些设想在实际工作中实验，收益显著。在他写作过程中，海通证券也不断发展，成为雄踞一方的上海三大证券公司之一。不仅如此，企业家著书立说，还大大有助于理论与实际相结合，理论脱离实际，是中国理论研究的一大"顽症"，实际工作者对有些理论家的见解常有隔靴搔痒之感，这个问题固然要靠理论家深入实际去解决，但有一批根植于实践的企业家来进行理论探讨，岂不更富有成效，更有助于理论与实际的结合吗？

我们期待着更多的如汤仁荣那样的思考型、学者型的企业家涌现。

1990年12月19日《解放日报》以《证券的发行与流通》为题也作了书评介绍（见图11-1）。

图11-1　三大报复印件

此后我于 1992 年 2 月出版了《第三百六十一行——证券经营机构》（中国金融出版社）；1992 年 10 月，以海通的名义出版了《股海通途》（上海科学普及出版社）；1993 年 2 月，出版了《证券市场》（立信会计图书用品社）；1993 年 10 月，出版了《证券市场行情分析》（上海科技文献出版社）；1996 年 5 月，出版了《证券交易的实务与风险》等书籍。

这些书的出版发行，在同行中、在百姓中宣传了证券理论知识，因为在介绍该书时提到作者的名称是"上海海通证券公司总经理汤仁荣"——首先是海通，其次才是汤仁荣。只要书能畅销，受众面就极广，是一个触角可能伸到全国最偏远地区的方式，起到宣传海通的作用。很多老百姓从书中认识海通，了解海通，走近海通，甚至很多同行也是通过此书重新认识海通的。

第二节　通过摄制录像片来宣传海通

1989 年我正式出版了《证券的发行与流通》，又两次加印。1990 年 10 月，上海高教音像出版社的郑烈峰先生循着此书找到我，商讨出版录像片用作高校教材，初始准备片长 1 个小时。由于郑烈峰先生不太了解证券市场，短短 1 小时能讲明白证券市场吗？于是我直接前往位于杨浦区阜新路的音像出版社，与该出版社总编沟通，介绍准备演讲的内容。介绍完内容后，该总编认为所有内容都需要，问我需要多长时间。我答道，总的需要 6~8 个小时。同时我提出（本应由出版社对作者提要求的）四个要求：一是我作为公司总经理工作繁忙，只能在工作之余前来录制，因此摄像时间由我选择，该范围为一天 24 小时，一周 7 天，也就是我有空就来，出版社应予以配合；二是由于业务繁忙，无法形成书面讲稿，只有讲授提纲，但是讲课质量我可以保证；三是为了宣传证券、宣传海通，如果是公司下属人员讲课，我可以批准公司加以赞助，但我作为总经理为了避嫌，该录像片本人及公司不提供任何形式的赞助；四是录像片出版后，同样为了避嫌，可以协助销售但不作包销。同时对于稿费、片酬我不提任何要求，一切按制度办。出版社领导经过研究，非常大度地破例答应了这些要求与条件。后来我忙里偷闲、见缝插针，前后4次前往音像出版社进行录制。这可是一次十分枯燥的演讲，摄制现场无一听众，没有互动，一个人对着摄像头滔滔不绝地讲着。录像片片名为《证券市场的奥秘》，分为四讲，分别是"证券市场的奇妙世界""证券的筹资窍门""证券的经营之道""证券的投资技巧"。整个片长8小时，分为4盒录像带。

第一讲，证券市场的奇妙世界。第一讲主要讲了三个部分：一是介绍了证券与证券市场，阐明了证券与证券市场是社会化大生产的产物，介绍了证券市场的分类和证券市场的交易方式。二是详细阐述了证券市场在我国国民经济生活中的作用：它可推进我国经济金融体制的改革；它可以更加有效地迅速筹集生产建设资金，变消费资金为生产资金；它可以使资金发挥最佳的效益；它还可以成为国家宏观调控的工具；它还能开辟吸收和利用外资的新渠道。三是继续推进证券市场的发展。要推进市场的发展，必须提高全民对于证券市场的认识，必须建立健全证券市场的法规，维护各方利益，必须规范代理发行方式，国债必须采取市场化发行，必须开发新的金融商品，拓展证券市场。

第二讲，证券的筹资窍门。第二讲主要是针对准备利用证券市场筹集资金的问题所讲，这部分也讲了三个方面：一是介绍证券筹资与银行贷款的区别，也就是直接融资与间接融资的区别。这些区别在于融资性质不同，中介机构不同，融资程序不同，费用与成本不同，风险责任不同。二是企业证券筹资的十大诀窍。全面介绍了企业发行证券的种类，发行额度，发行（债券）期限，发行（债券）利率，发行对象，发售方式，发售时机，发售价格，代理发售机构以及（债券）到期回收的策略等。三是企业利用证券市场筹资所应注意的问题。企业在利用证券市场筹资时应组织一个强有力的班子，应了解证券市场的规则，应熟悉发行证券的工作程序，应认真做好发行的工作，应及时做好债券的还本付息工作或股票的股息红利发放等。

第三讲，证券的经营之道。第三讲主要介绍证券经营机构的日常经营。该部分也分为三个方面：一是树立正确的经营思想。要把证券业务与国家的宏观政策相结合、与企业筹资的微观需要相结合，要把发行市场与流通市场相结合，要把业务开拓与内部管理相结合。二是严格审查、积极开拓证券发行市场。阐述了代理发行证券的重要性，具体审查证券发行的方方面面，包括审查投资项目的可行性，项目资金的来源。审查发行证券的合法性，发行证券的质量与偿还能力等。三是研究分析行情，搞活流通市场。主要有根据市场行情合理科学制定各类证券的自营买卖价格，详细介绍制定证券买卖价格所应考虑的各种因素。

第四讲，证券投资的技巧。第四讲主要是针对证券投资者所讲。这部分内容分为五个方面：一是投资者所需了解的证券市场知识，包括各种证券的性质与特点，各种交易方式与特点，证券投资与银行储蓄的区别。二是投资者了解证券投资的风险与投资收益，要充分了解证券投资的各种风险，投资风险与投资收益的关系，以及如何认识与规避风险。三是投资者证券投资的策略，投资者需投资证券种类的分散化，同一证券的组合投资，投资期限的组合以及投资收益的组合等。四是投资者搞好预测，把握时机。具体介绍了经济形势分析法，基准利率跟踪法，行情资料积累法以及单个企业特殊法。五是投资者在证券投资中应注意的问题，包括不应盲目跟风，在比较中选择，充分了解自己及家庭的个性、财力、喜好等。

该录像片于1990年12月由上海高教音像出版社正式出版发行，它也是我国第一部关于证券市场方面的录像片（见图11-2）。该录像片对出版社也是一次改革与创新，因为它并未被列入1990年的出版计划，因此也没有任何经费预算。该录像片的出版发行为海通开辟了新的宣传渠道，每当有同行前来取经探讨证券市场，他们必定购买该套录像片，回去后作为培训员工的教材。同时它也使更多的高校师生了解了证券、了解了海通。

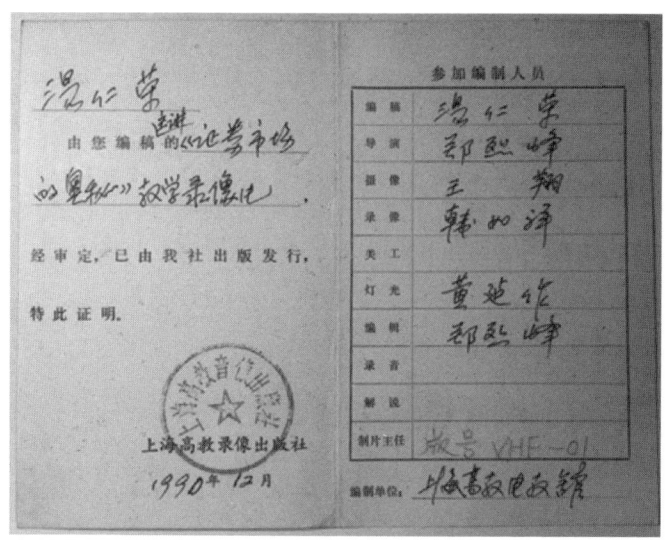

图 11-2 录像出版证书

第三节 通过演讲来宣传海通

演讲是最直接地向业内宣传海通的形式，演讲分为大会演讲与培训演讲两种形式。

一、大会演讲

1. 大会演讲让世界了解中国、了解海通

1990 年 5 月 28 日，上海市人民政府成立国际专家咨询团，并在上海波特曼大酒店举行上海市第一次发展资本市场国际研讨会（见图 11-3），特邀海通作为券商代表在大会上做交流发言。我演讲的题目是《致力于上海证券市场的发展》，其实主旨内容都是介绍海通做了些什么实事，是如何为上海证券市场发展作贡献的。

整个研讨会现场听众满满当当，我在演讲中介绍了海通的证券发行业务、证券交易业务、与外省市同行的合作情况等。这也是海通第一次在国际

第十一章 我为海通作宣传

图 11-3 上海证券市场研讨会

证券界亮相,它为公司走向国际市场打下了良好的基础。会后一些国际同行纷纷前来拜访,与公司建立了合作往来关系。

2. 大会演讲让企业了解海通、走近海通、选择海通

1992年8月,国家体改委为推动全国企业股份制改造和股票上市,在天津组织召开了几千人的大会,各省体改委、律师事务所、会计师事务所以及证券公司均派员参加。我演讲的内容都是企业发行股票中迫切需要了解的事项,偏重实务。回答了企业选择证券承销商所应考虑和关心的方方面面,同时也为海通作了软广告。通过演讲,昆明机床股份有限公司与东方电机股份有限公司选择了海通,正式与公司签订了股票代理发行的承销协议。1993年6月,我应邀前往山东莱芜钢铁总厂,专门以演讲的形式对该厂中层以上干部讲述股份制改造的意义、步骤与操作。山东莱芜钢铁总厂的股份制改制于1993年起步,该厂是当时国家引进外资,由亚洲开发银行向该厂提供技术改造专项贷款，亚行贷款合同中有一条款是该厂必须进行股份制改造、发行股票并上市。通过演讲，该厂决定聘任我为改制顾问，并委托海通进行股份制改制辅导，从而选择海通为股票发行主承销商。该公司改制后于1997年8月28日正式在上交所挂牌上市。

二、培训班讲课

各种培训班也是宣传海通的重要阵地。

1. 证券业务培训班

证券业务培训班主要是用来培训券商的业务骨干，基本都是同行。说来挺有意思的，我第一次为同行培训授课是应万国总裁管金生所邀，在该公司为全国各地证券公司同行举办的证券研讨班上讲课。那是在万国成立不久，为联络各地券商而举行的所谓研讨班，万国熟悉实务操作，又能进行总结讲课的人不多，于是我站上了万国的讲台。1988年10月24日，在万国的讲台上为全国同行整整讲了4个小时。讲课内容主要是"证券发行与实务"，包括证券发行的管理、审查、决策、成本、协议的订立等内容。此次讲课使海通首次在同行中露了脸，本身就为海通作了宣传，也弥补了当年9月海通未能赶上参加全国证券公司的大同会议的遗憾。

此类证券业务培训班，在交行系统更多，记得在苏州、昆明等地都举行过交行各分支行的证券部业务骨干培训，我多次应邀前往授课（见图11-4）。这些讲课为他们了解海通和交行各分支机构的业务协作打下了良好的基础，为海通的改制创造了条件。在为同行培训中，中国证券业培训中心多次举办为各地券商培训业务骨干的培训班（见图11-5）。我曾应邀前往北京、海口等地进行授课，授课内容主要是公司业务开展的强项——债券业务，最多的一次整整讲了3天。通过为同行讲课，树立了海通的形象，使他们了解了海通。

2. 证券管理操作培训班

证券业务的兴起，使原有的管理干部也急需增长新的知识，了解证券实

图 11-4　在交行证券研修班讲课

图 11-5　在浙江证券培训班讲课

务操作。人行总行于 1992 年 10 月在北京为该行地区一级中心支行的金管干部举办了金融市场培训班,我应邀为培训班讲授证券的发行、转让与管理。此次培训班的讲师还有人行总行刘鸿儒副行长、新加坡央行的副行长以及日本野村证券公司的副社长。在培训班上,我详细介绍了证券发行的方式、审查与管理,证券转让的方式、价格与管理,此外还介绍了证券中介机构的类型、业务及管理。由于内容较多,应学员要求,晚上加班 2 小时进行讲课。此次讲课引起各地人行的关注,取得了良好的效果。会后就有了人行贵州分行黔西南州中心支行与海通的合作。

证券市场的兴起,一大批新人进入了证券界,他们急需培训。上交所为使进场人员达到应有的业务水平,定期举办了"红马甲"培训班。由于我身处一线,了解实务,因此成了培训班讲课的常客(见图11-6)。在培训班上授课的主题是委托买卖,主要内容包括委托买卖的含义、特点、条件、内容、方式、审查等,这类授课前后有10多次,直到1996年才交与公司的陈苏勤同志前往授课。上海的"万国、申银、海通"三家证券公司,唯有海通的老总出现在"红马甲"培训班的讲台上,客观上为海通作了宣传。

图11-6 参加上海股份制与证券研究会

3. 证券投资培训班

随着赚钱效应的提升,大批老百姓不断地涌入证券市场,但他们对证券市场所知甚少、承担的风险极大。社会上各种投资培训班应运而生,有券商举办的,也有报社举办的,我曾多次应邀在《新闻报》举办的投资培训班讲课。这类培训班都是普通老百姓参加,各种提问五花八门,应接不暇,没有一点实务经验还真不好办,据说有的同行在此类培训班上被哄下台。启蒙培训讲课,使老百姓了解证券、了解投资,顺带也了解海通、走近海通,成为海通的客户。海通在创业期的一大批客户就是从证券投资培训班转化而来的。

在创业初期，为了给海通作宣传，除了以上形式外，我还经常在报刊、杂志上发表市场评述、知识介绍、案例分析等，还为财大研究生开设基金讲座课程。为了使社会各界了解海通，走近海通，我真的是使出十八般武艺，为海通的形象不懈努力做宣传，因为我深知，海通的品牌认同度越高，业务开拓成功的概率就越大。

人生感悟：我为宣传海通尽了最大的努力，那时可不像如今出场费颇为丰厚，大部分纯属义务劳动，只有社会上举办的投资培训班有几十元的出场费。但是我宣传我快乐，在宣传中会了老朋友、交了新朋友。人是要有点精神的，为理想和事业奋斗才是最有意义的。

第十二章
海通的改制

20世纪我国原有的国有企业，是按行政级别设局，政府直接管理企业。在上海就可见到某某局，然后某某公司，然后下管几家实体企业。企业设置基本按行政方法依次为股级、科级、处级、局级乃至副部级。企业干部的职级也依行政级别确定，享受相应的工资、福利待遇，企业只对上级主管部门负责，因此在管理上有一定弊端。

旧的企业制度显然与市场经济不相符，要搞市场经济，就必须建立现代企业制度。于是各地企业纷纷按现代企业标准进行改制。企业设立董事会，制定长远发展规划，负责企业的重大经营决策，聘请专门的经营班子。经营班子即总经理只负责组织具体实施，使决策与管理分离。同时公司设立监事会，负责监督董事会的决策和经营班子的具体实施。这种现代企业制度最核心之处是将企业对上级部门负责，变为对投资人负责，将企业依上级主管部门要求组织生产经营活动变为根据市场要求自行组织生产经营。改制使企业真正成为市场经济的实体。

海通的改制是海通发展的里程碑式事件，通过改制理顺各方关系，解决了多年的管理和经营难题。海通改制的完成意味着海通进入了全面、高速发展阶段，海通的改制为海通的大起来、强起来打下了扎实的基础。然而又有多少人知晓个中原委、了解改制过程的艰辛呢？

第一节　海通不改制就是等死

海通从 1988 年 9 月成立，经过 4 年的艰苦创业，至 1992 年已经打下了扎实的基础。但是，面对国家宏观政策的要求、同行的竞争、自身发展的束缚，海通必须要改制——要从交行上海分行的一个内部单独核算的法人，改制成为一个真正按现代企业制度运作、经济上独立核算的法人。海通已经遇到了继续发展的"瓶颈"，不改制就是等死。

一、国家金融宏观政策的要求逼迫海通改制

从 1991 年开始，乘着金融改革的春风，各家银行纷纷成立众多的非银行的子公司，金融方面的有信托投资公司、证券公司、金融租赁公司、保险公司等。这些公司对外都是独立运作的公司，但实际上大部分都是银行的内部独立核算单位，于是，人行要求这些公司必须要与银行脱钩，银行业开始清理整顿。

1993 年 1 月，我有幸随交行参加了全国金融工作会议。这次金融工作会议主要内容是回顾总结 1992 年的全国金融工作，同时布置 1993 年全年的金融工作。1993 年的全国金融工作重点之一就是如何进行银行信贷、货币发行的风险防范与控制，其中就有要求各银行所办的非银行子公司与银行完全脱钩。1993 年 1 月 16 日，朱镕基副总理在会上作了重要讲话，他特别强调已经成立的证券公司必须与银行脱钩，组织、人事、资金要彻底脱钩，银行不能拿资金买股票，证券公司不能把客户委托保证金拿去炒股，要完善立法，先试点，再推广。国家宏观金融政策落实到交行就是海通必须脱离交行进行改制。

二、交行证券业务的发展要求理顺证券业务经营体制，海通必须改制

交行从一开始就采用混业经营的模式，在海通改制前，交行沈阳分行从人行沈阳分行中受让了沈阳证券公司，交行武汉分行全资拥有汉通证券公司，全国各地交行分支行都设有证券部。但是，交行的证券业务除海通外，其他机构发展并不理想，大家各自为战，难以形成合力，加之证券业务并非是交行的主营业务，也缺乏统一有力的领导。因此，抓手就是必须将海通改制为有限公司，然后整合交行的证券业务。

三、外部竞争压力，海通如不改制就是等死

当时上海的申银、万国于1992年完成改制：申银于1992年上半年启动改制，于年底完成了改制，它从工行上海分行的全资子公司改为工行上海分行与上海市财政局发起、由50家企业参股的股份制公司，公司资本金从改制前的1.35亿元（含美金500万元）增资扩股至6亿元（含美金500万元），截至1992年年底，申银拥有29家直营营业部，17家业务代理处。万国成立时就以股份制的形式组建，表现出强大的活力，成立时公司注册资本金3 000万元。1992年，万国启动了增资扩股工作，增资扩股完成后，公司由国内205家企业投资组成，注册资本金为10亿元。截至1992年年底在上海设立18家营业部，18家业务代理处，并在南京、武汉、重庆、成都等地设立7家分支机构。1992年年底由中央层面组建的华夏、国泰、南方三家全国性的证券公司先后成立。而此时的海通资本金仅有7 500万元（含美金500万元），资本金仅为申银的12.5%，万国的7.5%，直营的营业网点仅10个。尽管海通的同仁努力拼搏，但仍是心有余而力不足，海通在资本市场上的竞争力显然不如申银与万国，海通再不改制真的是要全面落后，只能等死了。

四、海通受自身体制束缚，不改制就是等死

海通在改制前属交行上海分行的全资子公司，对外是一个独立法人，其实就是内部单独核算单位，分行统一管理公司的人、财、物，公司基本没有自主权。在人事方面，招人用人全部由交行上海分行根据市人事部门下达的指标分配至公司。人员不足严重阻碍了公司营业网点的扩张，以至于被迫创新采用劳务合同用工。截至 1992 年年底，公司仅有正式员工 161 人，而此时的申银已达 400 人，万国已达 650 人。工资待遇全部由交行上海分行按银行员工待遇发放，即使发个国债发行手续费也要由分行统一平衡批准后才可发放。至于财务方面更是沿用当时国企的三项基金比例提成办法。在这种体制束缚下，公司发展举步维艰，不改制就会全面落后，不改制就会被淘汰，不改制就是等死，所以公司要生存、要发展就必须改制！

第二节 海通的改制过程

要生存、要发展，海通必须改制。1993 年全国金融工作会议结束后，交行总行为了落实金融工作会议精神，开始着手海通的改制工作。戴相龙行长确定了海通改制的原则，明确改制后的海通与分行脱钩，直接隶属于交行总行，改制后交行各地分支机构的证券业务部全部与交行脱离，由海通统一管理、统一经营。海通为全国性的证券公司，"上海海通证券公司"更名为"海通证券有限公司"，改制工作在交行总行的直接领导下拉开了序幕。整个改制工作分为三个部分。

第一部分总体思路、机构框架。公司是全国性的证券公司，交行各地分支机构所属证券部整建制归属总公司。交行武汉分行的汉通证券公司，改制为海通武汉分公司；交行沈阳分行所属的沈阳证券公司，改制为海通沈阳分公司；各地的证券部均为海通的××市营业部。上海本地设立上海业务总

部,统一管理上海市行政区范围内已设立的营业部和各地交行在上海设立的证券营业部。深圳设立深圳业务总部,统一管理各地交行在深圳设立的证券营业部。上海海通原在外地设立的直属营业部,待所在地海通业务机构建立后划归当地管理。

干部管理:干部考核任免与当地交行脱钩,海通直接考核、任免、调配各地分支机构领导班子成员,分支机构及管辖范围内的基层干部、员工均由分支机构领导班子集体决定,各地党团组织关系均直属总公司。核算体制:总公司为一级法人,各地分支机构均为总公司派出机构,不具有法人资格。资本金:资本金为10亿元,其中交行总行出资6亿元(含原分行投入的7500万元),向各地企业招募4亿元。根据这些总体框架,准备材料向人行总行申报。为了早日争取人行总行的批复,交行与公司上下齐动员。记得我曾到北京去找过戴相龙副行长,向他汇报海通改制(此时他已从交行调至北京人行总行任副行长);我也和交行总行的乔伟副行长赶赴杭州,向人行总行陈元副行长汇报海通改制(此时陈行长出差在杭州)。公司派办公室主任蔡生万同志坐镇北京,老蔡天天往人行总行金管司跑,往往比人行干部上班还要早。去了就扫地、擦桌子、泡开水,以此来感动他们,同时用实际行动催促金管司的领导早日批复海通改制。功夫不负有心人,人行总行终于在1994年1月正式批复同意海通改制,改制后名称为"海通证券有限公司"。它不同于三家国家主导成立的证券公司,它们分别冠以"中国"字样,即中国国泰证券有限公司、中国华夏证券有限公司、中国南方证券有限公司。同时也不同于已经先行改制的上海另外两家证券公司,即申银、万国。海通既没冠以中国,也无上海地名。

第二部分募集资金。在向人行总行递送海通改制申请报告的同时,公司已经开始向社会募集股份。为了争取企业入股海通,公司上下尤其是发行部的同仁,利用已经为企业代理发行股票、债券的有利条件,向他们宣传海通、描绘海通的美好前景。记得当时主要宣传重点:一是海通改制后将走出上海、面向全国;二是海通过往的业绩骄人,创造了资本市场上众多的第

第十二章 海通的改制

一,就是挑好的方面说;三是强调海通的盈利能力,主要是资本利润率高于同行(因海通自身资本比上海的申银、万国小得多,而盈利并不比他们少很多,资本利润率自然就高),人均利润率也高于同行(同理,海通的人员比上海申银、万国少很多,人均利润率自然也就高)。靠着以往海通对企业的服务质量、服务效率,靠着海通同仁的不懈努力,1993 年 12 月 18 日第一批募股资金到位,它们分别是:上海金桥出口加工区 2 000 万元,上海电力公司 1 000 万元,上海对外贸易服务公司 1 000 万元,上海远洋运输公司 500 万元。而后上海氯碱、四川成量、浙江机械、天津环球磁卡、武汉长印、上海石化、宝钢等企业纷纷入股海通,于 1994 年 1 月初全部完成企业募股 4 亿元的目标,要知道此时人行总行还未批复同意海通的改制呢。想想如果人行总行不批准,还不知怎么向企业交代呢。

第三部分机构整合。改制后的海通于 1994 年 9 月 28 日召开了第一次股东大会(见图 12-1),大会在虹桥宾馆召开,在会上正式建立董事会、监事会,聘任了公司的领导班子。海通改制后开始归并原交行的证券业务机构。记得首先成立上海业务总部,统一管理上海地区上海海通原有的证券营业

图 12-1 海通第一届股东会

部，以及接收各地交行在上海设立的 8 家证券营业部。同时成立沈阳分公司、武汉分公司、深圳分公司，统一管理该三地的证券营业部，改制前海通在当地设立的营业部，一并交由他们管理。尔后再接收交行各地分支机构的证券营业部。此项机构整合量大面广，它涉及人员交接、财产交接、资金划拨。此项工作直至 1997 年才基本完成。

经过改制，海通成为全国性的证券公司，由交行总行直接领导。新任的交行总行领导也许从海通的长远发展出发，选派他更加熟悉、更加年轻的董文标同志来海通担任一把手。董文标同时担任党组书记、总经理、董事长，三肩一起挑。我则从上海海通党政双肩挑的一把手变为排名第一的海通副总经理。有同仁跟我说，你看改制成功了，把自己改成了副手，你真是自己找死！是啊，海通不改制是等死，改制成功了是我"找死"——佛曰："我不入地狱谁入地狱"，我宁愿我"找死"也不愿海通等死，只要海通能壮大发展，我个人得失又算得了什么呢？

海通证券有限公司宣告成立，机构整合基本完成，但海通改制只是形式上完成了改制，从形式改制到实质改制，后面还面临许多问题，还有许多工作要做。

第三节　改制、发展两不误

1994 年 1 月，人行总行正式批复同意上海海通证券公司改制为海通证券有限公司，2 月交行总行正式任命董文标同志出任改制后的党组书记、总经理。公司员工从感情上难以接受，加上未能明确我今后的去留，因此，公司处于改制成立前的非常时期。但是我与公司同仁仍然坚守岗位，一边宣传推进公司改制，一边继续抓住机遇发展业务。公司在董文标正式上任前的 1994 年 1 月～5 月取得了优异的成绩，实现利润 1.13 亿元，资产规模突破 35 亿元。

第十二章 海通的改制

1994年1~5月，海通在市场竞争异常激烈，股市长期低迷，市场交易清淡，经济案件时有发生的情况下，克服重重困难，各部门在总经理室的领导下，齐心协力，努力工作，积极开拓，创造了优异的成绩。公司实现利润11 295万元，比1993年同期利润2 011万元增长了462%，比1993年全年利润翻了一番，接近公司从1989~1993年利润的总和（前5年利润总和为11 631万元）。1994年1~5月，人均创利水平达37.65万元，比1993年全年的23.3万元高出14.35万元。根据那年公司已到位资本金41 100万元，美金500万元推算，全年资本利润率可达60%。到5月31日，公司总资产规模达35亿元，比1993年年末的11.86亿元增加18.24亿元，增幅为154%。公司面对市场的不利因素，以体制改革为动力，开拓经营、法制教育一起抓。

一、体制改革出动力

公司经人行总行批准同意改制为全国性的证券公司。尽管改制还在进行过程中，公司的领导班子、内部机制、内部建制都还未变动，但改制已经给公司经营带来了压力。

首先是来自投资股东的压力。公司在年初将改制报告送人行审批的同时，就开始募集法人股东，30余家企业积极支持海通改制，对公司寄予厚望，他们经常来人来电询问公司的改制进程和经营效益，公司从上到下都感受到股东的压力。同时上海的万国和申银已先于公司完成改制，它们的资本金分别迅速扩大到10亿元和6亿元后，在1993年仍然保持资本利润率高达40%的高水平，这一高水平也形成了海通改制后经营效益的压力。面对来自股东和同行的压力，公司总经理室于年初统一全体员工的认识，发展才是硬道理，创造更多的利润给予股东丰厚的回报。在统一认识的基础上，公司总经理室明确提出1994年以加权资本6亿元为基础，公司现有体制为基础，确保全年实现利润2.5亿元，资本利润率超40%，并将创利指标落实到每个部门。目前已全面完成年初计划。如果10亿元资本金于1994年7月1日全

面到位,下半年按资本率40%测算,公司全年利润应达3.3亿元左右。

改制给公司带来了压力,同时也带来了动力。公司原有人民币资本金3 500万元、美元500万元,仅为万国的8%和申银的12%左右,因此资本金问题长期困扰公司经营规模的拓展。随着资本金的陆续到位,这一问题得以缓解。公司截至1994年5月31日已到位资本金41 100万元人民币,500万美元(含交行上海分行原来投入的3 500万元人民币和500万元美元资本金)。入股单位为32家,大量资金的到来使公司得以大规模拓展新的业务领域,从事大批量的国债承销、股票包销以及二级市场的交易,资产规模从年初的11.86亿元迅速增长至35亿元,从而带来了较好的经济效益。如按1994年1~5月增长水平,到年末公司总资产规模有望达到50亿元。

改制不仅带来了压力和动力,也给公司经营和全体员工带来了新的活力。长期以来,原有的财政税务及分配制度严重制约公司的发展后劲,影响员工的积极性。改制后公司的财税体制和分配体制都将按新的体制运行,使公司的发展前景十分诱人,多年来公司想做而无法做的事正在逐步付诸实施,公司已准备在延安东路山东路路口建造海通证券大厦,职工的住房问题也正在考虑之中,职工的收入也有条件根据经济效益的好坏而浮动。喜人的新局面给全体海通人带来活力,充分调动员工工作的创造性与积极性,每个人都自觉地为了创利目标而努力奋斗。

二、开拓经营出效益

进入1994年,公司的改制搞得风风火火,但是那时的股票市场却长期处于低迷的状况,怎么办?总经理室根据这一状况立即研究对策,及时调整经营重点,把原来以股票为重点,转为股票与国债并重,采取了有效措施,扭转了被动局面。

1. 推出投资新品种

年初,公司在市场调查和预测的基础上,积极开发新品种,推出了集流动性、安全性、营利性为一体的"海通国债组合凭证"。经国债主管部门批准,前后两次成功地发行了 8 亿国债组合凭证,此举带动了当年国债交易的活跃,在上海、全国乃至国际上都产生了重要的影响,收到了很好的经济效益与社会效益,国内外报刊给予大量的宣传介绍,交行总行也以 1994 年第一期《简报》形式加以肯定,人行也总结这一成功的创新做法。

2. 积极承购包销国债

在股市低迷的情况下,公司一方面为了给国家多做贡献;另一方面看好国债市场,前后两次主动承担了 6.2 亿元国库券的承销任务,1994 年 2 年期国债承销,公司一次包销 4 亿元,引起同行震动,由此在上海同行中掀起国债承销的竞赛高潮。与此同时,公司根据市场情况,进行了国债现货、期货、回购业务的综合操作,取得了较好的成绩,1994 年 1~5 月仅国债回购业务量就达 25 亿元之多。

3. 合理运用资金

虽然公司的营运资金有了较大幅度的增长,但公司仍然精打细算,合理运用资金,充分发挥资金的效用,一方面将到位的参股资金及时运作,在一般情况下,参股资金在到位 5 天之内均投入使用;另一方面加强各业务部门的沟通与联系,紧扣资金出入的每一环节,把握时间差;集中闲散在各营业部的资金,开展积极融资活动,加快了资金流转速度,提高了资金营运效率与效益。

三、法制教育出成果

在发展业务的同时,公司不断加强内部管理。由于那年经济案件时有发生,严重影响了公司的声誉。因此,公司在 1994 年前 5 个月里加大了职工教育和处罚的力度,保证了业务的顺利发展。

1. 在职工中开展遵纪守法教育活动

在 1994 年 4 月份开展遵纪守法的教育活动中,活动有计划、有时间、有保证(每周不少于 6 个小时)。公司邀请法院、检察院的同志举行法制教育报告会,深入浅出地讲课,使员工对罪与非罪界限和一些经济罪的概念有了比较清楚的认识。公司还组织全体员工参观了上海市监狱,由证券行业中的犯罪人现身说法,从感性上加深对遵纪守法重要性的认识。在教育活动中,各营业部、部(室)联系实际开展了专题讨论,并举行法制教育考试。

2. 整章建制

为了在制度上防范和制止经济案件的发生,公司从 1994 年 1~5 月先后制订与转发了《印章管理暂行规定》《礼品登记、上缴和处理的暂行规定》《公文处理办法》《基层治安保卫暂行规定》等文件,加强制度的落实与监督。同时对于公司财产在 4 月份进行了清查注册,并实施物品申请的采购、入库、审核等制度。在遵纪守法的第二阶段(6 月份)公司将全面完善和健全各项制度。

3. 严肃处理违纪事例

在注重教育的同时,公司针对各类违纪现象决不姑息迁就,对违纪违章事件发现一件处理一件。对部分职工岗位进行了调整,对个别不合格者予以了清除。1994 年 1~5 月公司共有 5 名员工因违纪或不适应证券岗位而受到除名、清退或其他处理。

1994 年前 5 个月的成绩是公司全体员工克服困难,辛勤努力的回报,也是交行总行、交行上海分行正确领导和支持的结果。海通当时正面临挑战与机遇并存,竞争与希望同在的局面。我们相信,随着海通领导班子的加强,海通改制的全面完成,在交行总行、交行上海分行的领导下,在全体股东们的关心支持下,海通定将创造更加辉煌的明天。

第四节 痛苦的磨合期

1994 年 9 月 28 日,上海海通证券公司正式改制为海通证券有限公司,这只是形式上完成了海通的改制。挂牌后的海通,历经痛苦的磨合期,才真正从形式到实质完成了改制。

第十二章　海通的改制

一、新旧理念的磨合

海通从创立至改制时已成立 6 年之久，干部职工基本上都是上海本地人，形成了具有上海特色风格的经营理念。海通改制后，先后从外省市调入一批专业干部，他们给海通带来了活力，充实了干部队伍，但同时在行为处事和文化理念与原有的海通干部有着明显的差异。后来随着海通领导的变动，又调入了一批非银行、非金融专业出身的干部进入海通，他们具有一定的企业管理经验和丰富的政工经验，但缺乏必要的金融证券知识和证券公司管理经验。在改制的前 3 年，三类不同类型的干部同聚海通，这就是海通在创业时的干部、改制后引进的外省市专业干部以及调入海通的非银行、非金融专业的干部。三类干部在为人处事、文化理念和经营理念有着明显的差异，在工作中难免磕磕碰碰，这就需要经过长期的磨合，才能相互包容，形成合力。

二、新旧体制的磨合

海通改制后先后从各地交行接收了上百家证券营业部，这些经营机构原先人、财、物均由当地交行领导与管理，他们已经适应了当地交行的管理模式，同时海通与各地交行证券部在行政区域上又相互交叉设立营业部。理顺这些关系，对干部融合、员工管理都提出了新的挑战。就拿营业部归属来说，海通改制前已在沈阳设立了沈阳营业部，改制后划归海通沈阳分公司管理，但沈阳分公司领导也许理念不合，就是不愿接收该营业部，只保留证券经营牌照。但后来过了没多久，又向当地证券管理部门申请新设营业部。营业部要从银行管理体制转变为证券管理体制，在地域上要从所在地管理体制转变为总公司管理体制。在实践中探索新的管理体制，各分支机构如何适应新的管理体制，成为海通改制后的又一道难题，经过几年的努力方才完成这一磨合。

三、领导频繁更迭增加了磨合期的痛苦

海通改制完成,董文标同志任一把手,我由一把手变为排名第一的副总。董文标从走马上任到离开海通的时间,前后不满1年。1995年4月,董文标被调往民生银行后,由交行上海分行副行长李惠珍接任。李总在海通一把手的岗位上干了1年多,由于众所周知的原因调离海通。尔后由王开国主政海通。短短不到3年时间,换掉了3个一把手。每一任一把手都有自己的经营思路、经营理念,但下面干部职工几乎还未理解与适应就又换了领导,这对处于改制磨合期的海通影响巨大,给公司业务发展带来很大的负面影响。

海通改制经过了挂牌成立,归并上百家原交行的证券营业部,理顺了总公司与分支机构的体制,新老干部理念的磨合,并随着王开国同志主政海通,才从形式到实质完成了改制。

人生感悟:经过漫长的历程,完成了海通的改制,我从改制前的一把手成为改制后排名第一的副总,以至于有同仁说我找死。但我认为海通的改制是必须的,不改制根本没有出路,只要海通的事业能发展壮大,我个人的得失又算得了什么。为了理想,为了事业,人是要有牺牲精神的:革命先烈为了新中国的建立而抛头颅洒热血,我为了海通的发展壮大,"牺牲"掉一个一把手的位置又有何关系?再说"塞翁失马焉知非福",从证券市场上第一代创业者来看,我这还算幸运的,如果继续干下去,我也未必能全身而退。

第十三章
我与国债期货

20世纪90年代初,随着我国改革开放的深入,国民经济进入发展的快车道。经济发展需要资金,为了解决急需的建设资金,我国财政开始发行国债,以平衡当年的财政预算赤字。从理论上讲期货具有价格发现的功能,国债期货具有价格发现即发现资金利率的功能;从国家层面上讲,也有动力推动国债二级市场活跃,从而间接推动国债发行市场。

20世纪90年代的国债期货市场是中国证券市场无法回避的一页,尽管已经过去了20多年,但它所引起的阵痛却仍未消失,以至于不断有同仁善意提醒我谨慎落笔,避免争议。但国债期货是中国证券市场、是海通绕不过去的话题,何况最近10多年,有关当年国债期货的纪实或者反思类的书籍出版了好几本。新的国债期货已经上市,但已是物是人非。遥想当年,依然让人唏嘘不已。我个人思考许久,觉得多年过去,有必要从我的亲身经历去叙说这段历史,遂沉重落笔,是非功过留待后人评价。

第一节 国债期货市场的始末

从1968~1978年,我国进入了既无外债又无内债的无债务国,在当时被誉为是强大的社会主义国家的伟大象征之一。但是随着经济的调整发展，1979年、1980年中国财政连续两年出现了巨额赤字。在严酷的形势下，1981年7月，国务院决定恢复发行国债，当年面向企事业单位发行。从1982~1987年，发行国债基本采用硬性摊派的非市场化方式。由于不可转让，国债发行越来越困难，直到1988年3月，国务院正式批准1985年、1986年以及以后对个人发行的国债可以上市流通。1988年4月21日，在上海、深圳、沈阳、哈尔滨、重庆和西安等7个城市允许上柜买卖国库券，至1991年3月，全国约有400个城市开放了国债的流通市场。

但随之而来的国债交易价格却不尽人意，1992年6月，1992年的第1期国债上市，以102元最高价开盘，但到年底，最低交易价格为94元。5年期的每百元面值国债，交易价格为80多元，尽管收益率高达15%左右，但仍少人问津。怎么办？为了活跃国债交易市场、价格发现、推动国债一级市场，于是国债期货应运而生。

国债期货属于金融期货的一种，是一种高级的金融衍生工具。它是在20世纪70年代美国金融市场不稳定的背景下，为满足投资者规避利率风险的需求而产生的。

中国国债期货市场早在1992年就开始试运作了。但鲜为人知的是，这个被称为创新之举的国债期货市场竟然是先斩后奏的产物。

1992年3月，上交所总经理尉文渊到美国考察，曾专门到芝加哥交易所参观。在详细考察商品和金融期货市场的运作、国际金融市场创新的历史与现状，了解了多样性的金融工具和衍生产品，萌发了在上交所搞金融创新工具的冲动。回国后，在上交所领导班子讨论时，认为股指期货既复杂又敏感，在当时的体制框架和对股票的认识水平上，要搞股指期货不现实。于是就想推出国债的衍生产品——国债期货，通过金融工具创新来推动国债的发行与流通，推进国债的市场化改革。国债是固定利率，风险会小一点，也比较容易把控。上交所的这一设想与财政部不谋而合。1992年10月，中央政府刚刚宣布成立国务院证券委及其执行监管机构证监会，还无暇顾及期货这一块，而国债当时还归财政部管，国债期货却未明确归口哪个部门管理。上交所在1992年10月就派员去香港学习债券期货，回来后于1992年12月28日，国债期货试点品种在上交所率先上市。

当时的国债期货交易单位为"口"，一口国债期货为面值20 000元国债。交易所收会员单位2.5%的履约保证金①，会员单位收客户5%的履约保证金。第一批获准国债期货交易的会员仅有19家。在试行两周内，即1992年12月28日～1993年1月15日，有万国、中经开上证、海通、宁波上证、中信上证5家会员参与交易，总共才成交36口。1993年10月25日，上海国债期货市场正式对社会开放。开放之初上交所仅有19家会员单位可从事国债期货交易，仅有230多个个人投资者。很快国债期货的交易量和参与的个人投资者数量迅速增加，截至1993年12月31日，上交所有42家会员单位从事国债期货交易，个人投资者达8 000多人，开放仅70多天，国债期货交易量达52亿元。上交所一开始规定保证金定在2.5%，个人持仓不得超过3万口，机构不得超过5万口。但后来随着交易量越来越大，在实际执行过程中对持仓量的控制渐渐地就松了口，如对万国就逐步允许到可以开40万口。

在上交所急速推进国债期货市场的同时，武汉交易中心、北京商品交易所、深交所先后开办了国债期货交易市场，一时全国国债期货交易风生水起，但上交所的国债期货交易量独占鳌头。1994年上交所国债期货总成交额达19 053.83亿元，占全国交易总量的2/3，而北京商品交易所紧随其后，仅为3 887.44亿元。

1994年，全国开始清理整顿商品期货市场，期货资金投资渠道顿时狭窄起来，而当时各个交易所正在大力推进国债期货市场，各路英雄好汉携巨资悉数登场进行多空搏杀。当时参与国债期货市场的主要是中经开、万国、辽国发。

---

① 期货交易的共同特征是保证金交易，即买卖双方只要支付一定比例的保证金就可以全额交易，不需实际上的本金转移。只有在满期日以实物交割的方式履约的合约才需要买方交足货款。

中经开全称为中国经济开发信托投资公司。1988年4月，由财政部和人行批准成立了中国农业开发信托投资公司。这家小规模的信托投资公司以接受财政部农业周转金委托管理起家，之后接受全部财政周转金和农业周转金的委托管理。1992年1月，中国农业开发信托投资公司羽翼渐丰，改名为中国经济开发信托投资公司，简称中经信或中经开，其为财政部独资的唯一一家信托投资公司。中经开参与国债期货的初衷，更多的原因是国债要"启动二级市场，以此带动一级市场"。

万国成立于1988年7月18日，是人行批准的上海地区第一家以股份制形式组建的证券公司（见图13-1）。成立时注册资本为1 000万元。以后随着业务扩大，几次增资扩股，到1992年年底注册资本10亿元。成立不到2个月就先声夺人，争取到为意大利国民劳动银行新加坡分行在伦敦发行亚洲日元作分销商，成为第一家在国际金融市场从事同类业务的国内证券公司。1992年年底，万国收购了香港上市公司香港大众，随即组建了控股的香港万国证券公司。1994年，万国A股交易量占上交所总成交量的22%，在上交所中首屈一指，喊出了"万国证券、证券王国"的口号。

图13-1　万国黄浦营业部

第十三章　我与国债期货

辽国发，全称为辽宁国发（集团）股份有限公司。辽国发是一家没有经营金融业务资质的企业。辽国发的掌门人是高岭、高原、高山三兄弟，是中国早期资本市场的大炒家之一。高岭为辽国发董事长。1994年5月，辽国发通过内地一家证券公司，租用该证券公司在武汉、沈阳、天津三地的证券交易中心的席位，借道进入国债期货市场。

1994年8月底，各家机构、各路资金转战国债期货314品种，市场主力中多方为万国和中经开，空方为辽国发。此时离314合约到期还有1个月，当日持仓逐步增加至40余万口。9月16日，空方辽国发突然抛出大空单把价格砸低2元左右，多方毫不相让，照单全收并乘胜追击。而收盘后，上交所发出通知，宣布当日114元以下的成交均属无效。1994年9月19~23日，多空双方在314品种上再度增仓对垒，由于16日上交所对辽国发的大单未有处理，激励多空双方动辄数十万口大笔吞吐，即使上交所于9月20日发出加强国债期货交易风险管理的紧急通知，但对市场收效甚微，进而上交所于9月26日又做出不开新仓、双方平仓的决定，此役多方未获其利，而空方略占上风。

国债期货314合约交割月，大单砸盘、多空激战和上交所判定的成交无效等情况都已经出现，可见当时战况之激烈。事后上交所出台了限仓制度、大户报告制度，防止因为券少资金多而容易出现的多逼空的混合交收制度，作为自律组织，也算是尽力了。可是市场变化太快，面对新情况、新问题，防不胜防，终究还是没有防住重大风险事件的发生。

1995年年初，国债期货市场到了疯狂的程度，由于对即将于1995年6月底到期的1992年3年期国债及其他年份已发行的国债贴息与否的问题，多空双方分歧严重，财政部对此也悬而未决，它成了引发"327国债期货事件"的导火索。327国债期货品种对应的是财政部于1992年发行、1995年6月到期兑付的3年期国库券，该券发行量为240亿元。是否贴息、贴息率为多少的不确定性，再次引发了国债期货市场的多空对决。最终于1995年2月23日酿成了"327国债期货事件"。

2月26日,刚取得期货监管权的证监会对外公布《国债期货交易管理暂行办法》,而此时国债期货已试行2年多。"327国债期货事件"后,空方辽国发为了挽回巨额亏损,于3月份又试图翻本,继续在国债期货市场炒作319品种,结果再度亏损,国债市场于当年5月10日又酿出了"319风波"。国债期货市场问题频出,连续不断,使中央有关部门下决心暂停国债期货市场试点工作。1995年5月17日5:40,在毫无征兆的情况下,证监会临时通知召开紧急会议,会议就一句话,从1995年5月18日起,在全国范围内暂停国债期货试点工作。就这样开市不到3年的国债期货市场就此画上了句号。直至2012年2月13日,中国国债期货仿真交易重启。中国证监会[证监函〔2013〕178号]正式批准中国金融期货交易所上市5年期国债期货合约。5年期国债期货合约自2013年9月6日(星期五)起上市交易,至此才算恢复了国债期货市场。

第二节 "327国债期货事件"

"327国债期货事件"发生在1995年2月23日,当日,围绕"327国债期货合约",以万国、辽国发为首的空方与中经开为首的多方,交易双方不惜违规展开激烈争夺,结果以空方大败而归。这一事件被称为中国证券史上的"巴林事件",引发此后数年中国证券市场的系统性风险和全国性金融债务危机,也成为中国政府从计划调控转向市场调控的转折点。

一、多空双方对经济、保值贴补率和贴息的预测

1993年7月10日财政部颁布了《关于调整国库券发行条件的公告》(此处国库券即国债),提到"对1992年发行的5年期国库券和3年期国库券及1993年发行的3年期、5年期国库券,均参照人民银行《关于实行人民币储蓄存款保值的有关规定》,从1993年7月11日起实行保值,保值贴补率按

兑付时人民银行公布的保值贴补率计算"。简单地讲，就是国债利率浮动，按照到期兑付时人行公布的保值贴补率进行贴补。保值贴补就是在原定的存款利率基础上再加上保值贴补率进行贴补。

327 国债期货合约对应的标的是 1992 年发行的 3 年期国债，也在到期兑付时保值贴补之列。由于其于 1995 年 6 月即将交收，现货 1992 年 3 年期国债票面利率明显低于当时已调高的同期银行存款利率，故在当时一向是颇为活跃的炒作题材，市场人士为国债是否贴息引发多空分歧，一有风吹草动，国债价格即大幅波动。

在 1994 年年底，有些人传言称国债 327 等低于同期银行存款利率的国库券可能要加息；而另一些人则认为不可能，因为一旦加息，就需要国家多支出 10 多亿元的资金，在客观形势吃紧的情况下，显然绝非易事。于是，围绕着对这一问题的争议，国债期货市场 327 品种的主力多头和主力空头登场了。

327 国债期货合约从 1995 年 2 月起，价格一直在 147.8~148.3 元区间波动，2 月 9 日以中经开为代表的主力多头再度入场。多方做多的理由主要是基于 327 国债期货合约对应的国债将会贴息，保值贴补率难以下降，后来的事实证明了这一判断是具有预见性的。

327 国债期货合约的主力空头万国在 1995 年春节的 1 月 27 日总持仓量为 40 万口，至春节后的 2 月 16 日达到 87 万口。2 月 17 日，万国的空仓又增 42 万口达 130 万口。到 2 月 22 日，万国 327 空仓高达 144 万口。万国的盟友辽国发因为自身没有持仓额度，所以需要到处借仓位，其持仓相当分散，神龙见首不见尾。根据 2 月 23 日开盘辽国发直接把分散的空头头寸集中在海南某公司名下，通过无锡国泰期货经纪公司大量违规抛空，根据下单量，推测其有 200 万口的空头头寸。空方认为国家的宏观调控已经奏效，通货膨胀已经受到抑制，保值贴补率也将下降，国家不会对国库券增加贴息。后来的事实证明这一判断是错误的。

有种说法认为多空双方很大程度上进行的是资金实力和消息的较量，而没进行价值价格的考量,有失偏颇。就当时的技术和研究水平,以及政策方面的难以把握,对于高杠杆市场,作出决策的第一动因肯定是基于对贴息与否的判断,保值贴补率走势的判断来计算、预测未来国债期货市场的走势,从而作出做多和做空的决策。只是当头寸日渐增加而形成的尾大不掉,多空双方给人的印象就变为用资金实力和靠消息的较量。

二、多空对决

在贴息与否、贴息多少的问题上,多空双方分歧严重,财政部因此也悬而未决,它成了引发"327国债期货事件"的导火索。

时间指向1995年2月23日,市场传闻财政部将对1992年国库券进行贴息。上午10∶15,国债期货一开盘,价格就跳空高开,多空短兵相接,盘面上多方基本控制着主动权,先以80万口在前日的收盘价的基础上提高到148.50元,接着又以120万口攻到149.10元,再以100万口改写150元的记录。盘中出现过200万口的空方巨量封单(据查是辽国发集中其之前分散的空头头寸的行为),但瞬间便被多方收入囊中。主力空头企图压低价格,达到减亏或盈利的目的,但数百万的空单被轻而易举地吃掉,价格大幅飙升,空头损失严重,为减少损失,空方主力阵营中的辽国发临阵倒戈,突然空翻多,使327品种创出151.98元的天价。

下午4∶22,离收盘还有8分钟。正当许多人都以为大局已定时,风云突变,下午4∶22∶13,输红了眼的万国,先以50万口将价位打到150元,接着连续以几个数十万口的大单把价位再打到148元,最后一笔730万口的巨大卖单令全场目瞪口呆,把价位封死在147.50元,短短几分钟时间,327价格迅速由暴涨3元变为暴跌4元。在这一阵紧锣密鼓的狂轰滥炸之中,万国共成交1 056万口卖单,面值达2 112亿元,而所有的327国债现券总额只有240亿元。也就是说,万国卖空的数额超过了该品种总额的7.8倍。当日上海国债期货总成交8 539.93亿元,其中80%即6 800亿元左右集中在327品种上。若按收市价147.50元结算,意味着一大批多头将一贫如洗,甚至陷于无法自拔的资不抵债的泥潭。多空双方都游荡在天堂和地狱之间。

1995年2月23日，交易刚结束，上交所、证管办就接到了有会员严重违规操作的控告。随后上证所发出公告，决定取消2月23日16:22:13之后的327品种的交易。多空胜负戏剧性地发生逆转，最终是多头大获全胜。

三、"327国债期货事件"的余波

针对2月23日发生的"327国债期货事件"，各方都作出了相应的处置。

上交所从2月27日起，组织多空双方进行协议平仓，但效果不佳。于是，上交所在3月1日准备进行强制平仓，强制平仓的价格以27日、28日两天场内协议平仓的加权平均价进行，此后平仓才得以顺利进行。

上交所于2月26日向各会员单位发出了《关于加强国债期货交易监管工作的通知》，制定了一系列的风险管控措施。

中国证监会2月26日对外颁布了《国债期货交易管理暂行办法》，重新审核试点交易场所的资格条件，审核期货合约和经纪机构。在此后，证监会和财政部接连发布了《关于加强国债期货交易保证金规定的紧急通知》等一系列的监管通知，以期加强国债期货的风险控制。

国务院有关部门针对"327国债期货事件"组成2.23国债期货联合调查组，对涉事的万国、中经开、辽国发进行调查。最终"327国债期货事件"被定性为一起严重的违规事件。它是在国债期货市场发展过快、交易所监管不严和风险管理滞后的情况下，由万国、辽国发等少数大户蓄意违规、操纵市场、扭曲价格、严重扰乱市场秩序所引起的国债期货风波。

在随后的若干年大家对此进行了不断的反思和经验总结，认为酿成"327国债期货事件"的具体原因有四点：其一，期货业务的推出相当仓促，不仅缺乏经验，也缺乏相应的监管法规，更重要的是对市场风险缺乏必要的认识。其二，国债期货市场投机风气极浓，违规造市、超额持仓、内幕交易现象相当严重。个别券商恶性投机，蓄意违规，对此却缺乏监督，甚至可以

在没有相应保证金的情况下短时间内进行上千万口的交易，也没有即时预警机制。其三，有关327国债期货品种对应的国库券分段计息、加息及贴息消息的不确定性、保值贴补率的不确定性，是触发此次事件的导火线。其四，期货市场有"保证金制度、每日结算制度"用于管理风险，而上交所是一个现货交易所，没有按照期货运行规则进行设计。当时上交所不实行严格的保证金制度，万国在没有保证金的情况下，可以透支几十亿进行交易，导致悲剧的产生。"327国债期货事件"的爆发具有一定的偶然性，但从当时的经济环境、社会环境以及制度本身的不完善，监管技术的不到位，它的发生又带着一定的必然性。

第三节　我、海通与国债期货

国债期货作为创新业务，海通从一开始就积极参与，是上交所第一批国债期货会员。我作为当时分管公司业务的副总、上交所的常务理事，对于国债期货可以问心无愧地讲，我尽力了。

一、为了海通的国债期货业务——我尽力了

1994年11月，海通根据当时的国债期货市场情况，在听取同行的意见后，于1994年11月开始介入316国债期货合约的空仓（1992年发行的5年期国债，3月份交收的合约），到1994年12月底，公司持316空仓大约40万口。手持空仓，但是市场并没有出现公司所判断的走势，1995年春节也没过踏实。

春节刚过我就奔赴北京做调研，与财政部国债司、国债协会以及其他同行见面，聊聊对国债期货多空的看法。一圈情况摸下来，感觉做空的因素都变了：一是1995年国债发行推迟了，意味着实物券减少了；二是通货膨胀还在不断上涨；三是最关键的，按照之前的口径，原本对1992年国债并没

有说贴息，而现在的意思是在研究，变成不确定的。北京回来后，我提议召开党组会研究，决策国债期货操作思路。在会上我按照国债期货操作的常规思路建议，既然已经看多了，平掉空仓后就该开多仓，哪怕对冲风险，锁定价格也应该开多仓，并建议平掉316空仓，开50万口319多仓。可是党组会上没有同意我的意见，只允许平掉空仓，不允许开多仓。

根据党组会议的决定，采取坚决措施平掉316空仓。316多仓的主力是辽国发，尽管他们是空头主力，但在316上是多仓。他们仓位不够，四处出击找仓位，找到公司要借仓位开空仓。此时公司仓位也已满，经与辽国发协商，双方平掉316，然后再开空327。2月21日，根据双方约定在交易所开始平仓316，中午11:30，公司与辽国发平仓完成，又有一些跟风盘，公司316合约空仓36万口基本完成平仓。尔后辽国发又找到公司要求开空327。后来辽国发作为客户打了5 000万保证金，在公司全部用于开空327合约。在2月23日下午2:00，辽国发保证金已达强制平仓线，公司在多次联系辽国发有关业务人员无果的情况下，对辽国发327空仓进行了强制平仓，避免了损失。尽管现在叙说时是平静的，但当时却是惊心动魄、身心疲惫、吃不下饭、睡不好觉，细节不再描述。

"327国债期货事件"的第二天，即2月24日上午8:30，公司召开紧急会议，当时因董文标同志不在公司，所以会议由我主持。沈德高副总经理和办公室、人教部、计财部、交易总部、业务管理总部等部门的负责同志参加了会议。

会上，我针对市场可能出现的情况和公司的实际情况，提出了公司采取的以下六条措施：

(1) 确保资金充足。由计财部、交易中心负责资金的调集，控制大额款项的出去，新的回购资金一律不准出去，同时由计财部立即与交行总行、人行上海分行有关部门联系准备应急备付，资金存款到位在3亿元以上，以准备应付可能出现的挤兑资金。

(2) 确保安全。为确保资金和治安安全，公司成立快速反应办公室，由总经理室成员、办公室、保卫部门负责同志组成,全面负责与处理可能发生的事件。地点设在北海宁路30号。

公司要求各营业网点做好安全保卫工作,与当地公安部门保持联系,以防突发事件,做到有备无患,并要求每隔1小时向快速反应办公室汇报情况,一旦发生突发事件直接向公安"110"报警。

(3)确保客户支付。公司计财部与交行上海分行,各营业网点与各自的开户行联系,随时准备提取现金保证支付。同时要做好大额提款客户的工作,必须保证客户提款的要求。

(4)加强服务。公司要求每个部门,尤其是营业网点一律不准发生与客户争执的现象,一旦发生将严肃处理。

(5)密切注意客户动向,凡是保证金不足的客户,一律不准给予交易,必要时采取坚决措施。工作人员如果违反规定,除了追究当事人责任外,还追究营业部经理的责任。

(6)2月24日公司的国债期货自营交易暂停。

1995年3月,董文标调离海通,李惠珍接手任总经理。1995年4月3日上午,根据李惠珍总经理积极稳妥开展国债期货交易的精神,我又主持召开了做好国债期货交易有关问题的专题会议,公司办公室、交易中心、计财部、业务管理总部的负责人和部分人员参加了会议。

会上,我首先就公司前一阶段国债期货交易情况作了小结,并鼓励大家要认真总结经验教训,要放下包袱,轻装上阵,既然我们交了学费,就不能半途而废,要有赢得起、输得起的精神。会议着重研究了公司国债期货自营和客户代理两个问题,并明确开展国债期货的相应规定。

1. 关于国债期货自营业务问题

会上大家一致认为,国债期货自营要严格按照国家、上交所和公司的有关规定,完善操作程序,控制经营风险,加强经营管理,并确定近期开展国债期货自营业务所遵循的原则。

(1)持仓总量。根据市场目前的状况,公司国债期货自营持仓总量暂定为3万口（包括多仓、空仓），单一品种持仓不得超1万口，未经批准不得突破。

（2）交易品种。国债期货品种目前选择3个交易品种为宜。

（3）审批权限。审批权限分为交易员、交易中心国债部、交易中心、总经理室四个等级，各级权限分别为总量及单向持仓量的20%、40%、60%和60%以上，超越本级权限的须按级上报，在紧急情况和请示不及的情况下，可以越一级权限，但事后必须马上汇报。

（4）风险控制。当合约单价亏损在两个涨（跌）停板（4.00元）时必须平仓。平仓交易绝对额亏损亦分为四个等级，即100万元、200万元、400万元和400万元以上，此权限范围同审批权限。

（5）加强监控。一是组织有关人员认真学习证监会、证交所和公司的有关规定，并进行资格考试；二是所有参与人员对越权和违规行为必须及时反映、制止与反对；三是财务账目及时记载，定期检查，加强事后监控，发现问题，及时汇报；四是要及时了解证交所及有关部门新的规章制度、新的措施，领会精神，采取相应措施；五是内部决策程序化，全面记载国债期货交易的指令；六是组织市场研究分析班子，为决策及时提供有关信息。

2. 关于国债期货代理问题

（1）近期组织公司有关部门领导、营业部经理和经办人员学习证监会、证券交易所和公司关于做好国债期货工作的有关规定。

（2）根据规则进一步修订与客户的代理协议，尤其应强化有关的风险条款。

（3）完善开户手续，待证交所出台规定后，公司客户开户工作由业务管理总部统一按有关规定办理。

（4）按规定向客户收足保证金，采取各项措施，确保浮动亏损的资金补足，否则一律不得进行国债期货交易。

（5）业务管理总部要制定公司期货代理业务手续费的统一标准。

（6）业务管理总部所有所属机构暂时不做国债期货自营。

(7) 交易中心根据证交所核定的持仓量,核定公司各经营期货部门的持仓量。

3. 公司国债期货操作的反思

此次国债期货操作整个过程长达半年,此间行情起伏剧烈,虽说我们在最后关头斩仓出局,将可能造成的亏损从 10 亿元减至平仓亏损 17 134 万元,避免了公司的灭顶之灾和万国第二,但是仍造成了严重的后果,痛定思痛,值得反思。

反思之一:缺乏一套完整的期货自营管理制度,期货自营从职权范围,到风险控制均未能建立起一套有效的保证体系,致使一发不可收拾。

反思之二:对市场缺乏足够的深入了解。在当初期货操作之时对于形势过于乐观,未从不利的方面和可能出现的严重后果加以考虑。在"327 国债期货事件"之前(2 月 20 日)交易部也曾提出开多仓 50 万口,但也未作具体分析即加以否定,以至于失去了挽回损失争取盈利的时机。

反思之三:缺乏稳健经营的指导思想。证券市场是一个高风险的市场,公司在股市长期低迷的情况下,指望从期货市场上一举获利,忽视了期货高风险的危险,未能把握稳健经营的原则,对此公司新的领导班子在稳健经营的前提下,控制国债期货交易,限量股票自营业务。总之我与有关同仁为海通的国债期货工作尽心尽力了,我问心无愧。

二、为了上交所的国债期货市场——我尽力了

我作为上交所的常务理事,始终维护上交所的业务运作。1995 年 2 月 22 日中午,也就是"327 国债期货事件"爆发的前一天,我到上交所找到了尉文渊总经理,向他详尽分析了贴息、保值贴补的争论,分析了多空双方对峙的焦点,同时对尉总提出了几条相关措施,建议尽快组织会员开会,控制仓位,并将几条措施见诸 2 月 23 日的《上海证券报》。尉总根据我的建议定于 2 月 23 日上午 10:30 召开 20 家主要会员会议,统一思想,规范操作。

但是在 2 月 23 日上班后,我到公司打开刚出版的《上海证券报》,发现

没有刊登上交所"关于加强国债期货交易监管的几条措施",心想要出大事了。时间到了 2 月 23 日下午 4:00,我在公司北海宁路的期货操作室盯着盘面,多空争夺呈多头一边倒的趋势。下午 4:18,我拿起电话拨通了交易所尉总的办公室电话,电话是其秘书小刘所接,我急促地说"我是汤仁荣,尉总在吗?"小刘不紧不慢地回答:"尉总不在,汤总你什么事急吼吼的? 尉总陪证监会期货部领导参观交易大厅去了,要么一会儿回来我转告他您来过电话找他了,好伐?"我在电话里的语气更加急促:"你赶紧找到尉总,告诉他快点把主机关掉,停止交易,别问为什么。"小刘从未见我如此语气,放下电话就去交易大厅找尉总,待小刘找到尉总转告我的建议时,已经是下午 4:23 了,万国的疯狂举动已经上演了!——如果能在第一时间关掉主机停止交易,也许"327 国债期货事件"可以避免,有人戏称我为关键先生。但是,没有如果,更没有也许。晚了,一切都晚了! 完了,一切都完了!

等到下午 4:30 交易结束,下午 4:45 我又一次来到上交所面见尉总,提出三条建议:一是严查此事,采取对策;二是明天国债期货交易暂停;三是清算数据先不要出,同时赶快向公安局求援,维护治安。匆匆谈完出来时,碰见了万国的管金生,双方点点头打了招呼,此时交易所门口已经来了几辆警车维护秩序。我回公司后请公司交易部负责国债期货交易的几位同仁上饭馆就餐,庆幸公司躲过一劫。菜刚上来还未动筷,尉总又来电话邀我至上交所商讨此事如何处理。我放下筷子饿着肚皮赶往上交所,商讨至晚上 10:00 才离开。作为上交所的理事,我为上交所的国债期货市场尽心尽力了!

三、为了中国的国债期货市场——我尽力了

国债期货市场从推出试点、制定规则和操作手段,我始终积极参与,并不断提出建议,为了完善国债期货市场尽一份心意。2 月 23 日下午 2:30,处理完公司的自营期货头寸,平掉辽国发的 5 000 万保证金所开的 327 空仓,我怀着高度责任感向北京证监会、财政部汇报上海国债期货市场的问题,

并呼吁他们马上派员来沪处理可能发生的事情。"327 国债期货事件"发生后，我向上海市领导、交行总行领导汇报了上海及公司的国债期货市场情况，并提出相关的建议。3 月 25 日上午我没休息，一个人关在办公室，以个人名义写了一份《关于暂停或关闭国债期货市场的紧急建议》，建议全文如下：

关于暂停或关闭国债期货市场的紧急建议

两天来，上海国债期货市场出现了剧烈的震荡，个别券商和机构在 327 合约上孤注一掷，大肆做空。到昨天收盘为止，327 合约持仓量近 390 万口。如果按暴涨前一天结算价为 148.25 元，昨日结算价为 151.80 元计算，空方将亏损 25 亿之巨。如果考虑其他品种国债期货的价格因素，空方亏损将在 30 亿元之巨。

今天财政部宣布对 1992 年 3 年期国债实行贴息保值。按照理论推算，327 基础兑付价为 133.98 元；按照 7 月份保值贴补率 10% 计算，理论上价格应达 153.98 元，在实际操作上 327 品种有可能会超过 154 元。如按 154 元价格推算，空方将损失资金 43 亿元。如果考虑其他品种的价格上升，整个损失将达 50 亿元以上。

作为空方主力的万国证券公司，据我们比较保守的预测，当价位在 151.80 元时已实亏 3 亿元左右（指已平仓部分）。未平仓部分浮亏 5 亿元左右。如果到 154 元价格，整个亏损将达 8 亿元之巨，这还不包括该公司在北京及其他地区的亏损和其他品种上的亏损。显然该公司无法承受如此巨额的损失和应付支付。事实上除该公司外有中小券商已经无法维持正常支付，部分大户已到万国证券去挤兑了。

上述情况的危害在于：

一、做空的主力机构万国证券公司及有些空方中小券商已无法支付如此巨额的清算资金，自身濒临破产的危机。

二、根据初步统计，327 合约上做多的有很大一部分为个人或民营企业。

据我们所知，个别大户利用消息已经赢利近亿元，这样势必造成国家资金迅速流向这部分人手中，造成国有资产严重流失。

三、如果上交所清算资金不能及时到位、运作，很有可能产生连锁反应，使各家券商无法完成清算工作，相应无法应付客户的二极清算工作，造成整个证券行业的支付困难，造成社会恐慌，从而波及整个现货市场。

四、上述情况一旦发生，将会迅速波及全国，引发整个支付系统的危机，从而引发金融危机，影响国民经济的正常运行。

综上所述，我们认为只有迅速采取强有力的果断措施，才能缓解和防止可能发生的支付危机，解决目前所面临的困境：

一、暂停或关闭国债期货市场，对所有合约进行清盘，以保证现货市场的交易。

二、中央银行应迅速采取有力措施，调度资金，以应付随时可能出现的支付危机。

三、公安部门应保持高度警惕，增强警力，随时应付突发事件，保持社会的安定。

四、迅速查明是否存在内幕阴谋，并严肃处理。

对于前两天（23日、24日）造成的危险局面，我们在22日上午已经准确预测到，并向有关部门提出建议，为了证券事业，为了党的事业，我将上述建议直接报告给你们。

海通证券有限公司　汤仁荣
一九九五年二月二十五日

此份建议被称为是汤仁荣的"鸡毛信"（见图13-2），我手拿着此份紧急建议，直闯上交所会议室说："你们不要开会了，开什么会啊，还不如把这个市场关掉"。我把写的紧急建议面呈证监会期货部主任耿亮、市证管办主任杨祥海、副主任张宁、上交所总经理尉文渊、副总经理刘波、吴雅伦。在上交所，耿亮立即传真给证监会分管副主席李剑阁。因国债期货与财政部

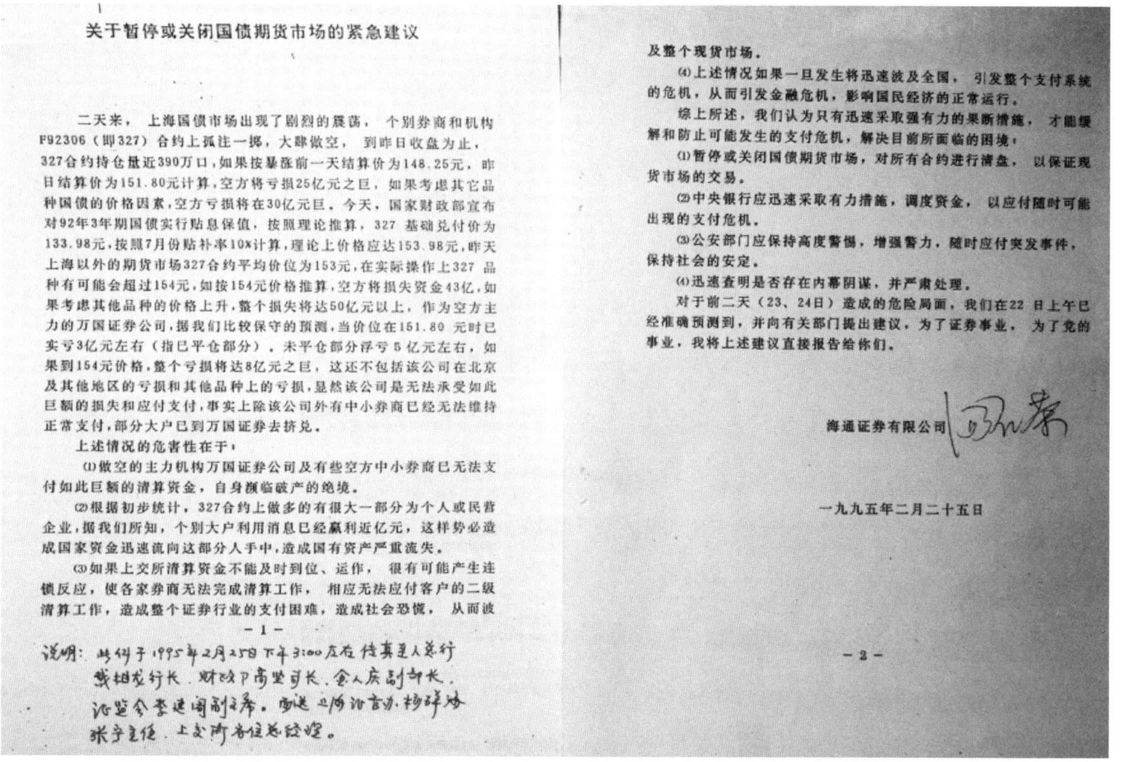

图 13-2　关于暂停或关闭国债期货市场的紧急建议

相关，在上交所我传真给财政部国债司司长高坚，高司长随即送呈分管副部长金人庆。此外我也将紧急建议传给人行总行金管司转交至人行总行戴相龙行长——作为一名共产党员，为了证券事业，为了党的事业，我尽心尽力了！

第四节　国债期货痛苦的结局

国债期货市场伴随着创新交易品种、肩负搞活国债流通市场、推动国债发行的重任开始试点，又随着"327 国债期货事件"的发生，于 1995 年 5 月 18 日暂停交易，700 多个日日夜夜，交易从蹒跚起步到惊心动魄，最终酿成重大风险事件，国债期货市场的开拓者、组织者、参与者都没料到会是一个痛苦的结局。

一、尉文渊离开了

1995年9月15日下午1:30，上交所召开第二届理事会第三次会议，会议主要议题就是罢免尉文渊的总经理职务。参加会议的有中国证监会周道炯主席、上海分管金融的华建敏副市长。本以为这个理事会开5分钟就结束，走个程序而已，结果却开成了最民主的会，开了2个多小时。上交所一共有13个理事，其中会员理事9个，非会员理事4个，当天参加会议的理事11个，代表12票，因管金生已被捕入狱，并被解除理事职务，李祥瑞因病未出席。会议由新增选的常务理事、原人行上海分行行长龚浩成主持，对免去尉文渊总经理职务的表决结果是4票同意，8票弃权，所有会员理事均投弃权票。接着表决杨祥海任总经理，全票通过。

按上交所章程规定，总经理任免议案，需要2/3以上理事同意才能通过，也就是至少9票同意才能通过。于是就出现杨祥海被任命了，尉文渊免不了的场面。这时周主席点名让我发言（当时管金生已被抓，阚治东不是这届的理事），于是我作了发言，阐述了投弃权票的原因：一是表决内容不应包括免去尉总的理事职务，这是会员大会的权力；二是周主席说小尉是正常的任免，现在有免无任，这对市场发展不利；三是"免"的理由大家都清楚，尉文渊同志的功过不作评论，属于"挥泪斩马谡"；四是已经到了这一步，是否尊重尉总本人意愿，同意他辞职。随后所有理事都作了发言，基本同意我的意见。但是"免"是国务院定的，绝对不能改为"辞"。还是龚浩成行长老道，提议在免去前加上同意尉文渊同志本人的请求，会议再次表决得以全票通过，总算完成了上交所总经理的任免。随即将此新闻通稿手写此句后发各大媒体。1995年9月16日，各大媒体上发出了"应本人要求，免去尉文渊上海证券交易所总经理职务"这样一个别扭而且文字稍显不通的消息。

二、管金生出事了

"327 国债期货事件"后适逢全国两会召开,会上全国政协委员、经济学家戴园晨作了措辞严厉的发言。1995 年 4 月,在两会舆论的压力下,国务院责成监察部会同证监会、财政部、人行、最高人民检察院、国家保密局组成"2.23 联合调查组",开展为期 4 个多月的调查,万国首当其冲。万国在发现问题到"327 国债期货事件"爆发,留给管金生处理国债期货交易风险危机的时间只有 7 天,其中可供改变市场不利的交易日仅有 5 天。由于对市场的判断错误、管金生的个性,最终酿成了"以武装的革命对付武装的反革命"(管金生原话)绝地反击,在 2 月 23 日下午 4:22 疯狂抛空 327,成交了 1 044 万口。管金生最终是以受贿罪、挪用公款罪被判处有期徒刑 17 年。

"万国证券,证券王国"的广告语还在耳边。8 年的证券王国,一朝被国债期货毁了。"327 国债期货事件"后,万国面临严重亏损、资金不足、业务受罚、人心涣散的局面。申银的阚治东就此向工行总行、上海市人民政府提出了申银与万国合并的提议,提议很快得到批准,1996 年 7 月,申银、万国宣布合并,其实真正的合并时间是 1996 年 1 月 1 日,8 年的辛苦积累顷刻崩塌。一声叹息。

三、辽国发人间蒸发了

闯下大祸的辽国发,留下了遍地债务,留给市场一地鸡毛,其负责人高氏三兄弟开溜了,没有踪影。

四、海通亏钱了

"327 国债期货事件"后,海通虽然避免了灭顶之灾,但因没有采用我"平掉空仓后开多仓"的建议,清算后还是亏了近 2 亿(如果当时能"平空反多"同样仓位的话,至少能赢利 20 亿以上,从图 14-1 中可以看得很清楚)。期货交易是零和博弈,有盈就有亏,这是很正常的交易行为。然而海通的亏损，我和参与国债期货交易的同仁们都有心痛，有反省，更有委曲和不甘：在市场基本面发生变化后，我们明明已经意识到并做了空翻多的准备，然而却因为我们都无决定权，所以只能眼睁睁地看着国债期货价格飙升而束手无策。最终却是只有我一人被交行总行追究责任！至于有些已出版的书籍中描述我被追责时，抬举我为公司总经理，并且是因为随后的319期货合约造成的亏损，纯属主观想象，因为我只是分管业务的副总，海通在"327国债期货事件"后基本上少有自营国债期货。

申银、万国合并，使阚治东的证券事业达到了顶峰，然而担任申银万国总裁不到1年就被罢免，能算赢家吗？

在"327国债期货事件"后，管金生、尉文渊、我和阚治东曾经人称的证券市场"四大花旦"（京剧）陆续退出了历史舞台，成为证券市场的铺路石，随后开启了一个新的市场格局（见图13-3）。

图13-3　上交所开业：汤仁荣（左二）；阚治东（左三）；管金生（左四）

五、赢钱的比输钱的结局更惨

当年轰动全国的"327国债期货事件"中的4大赢家：28岁的魏东、29岁的袁宝璟、34岁的周正毅以及30岁的刘汉，一举实现资本原始积累，称霸一方。天道好还，4人最终悲剧谢幕：魏东跳楼身亡、袁宝璟4兄弟3人死刑1人死缓、周正毅锒铛入狱16年、刘汉兄弟被判极刑。

中经开赢钱了？有人估算，在整个"327国债期货事件"中，多头的盈利在70亿元左右。作为多头主帅，中经开自然应该赚得盆满钵满。但奇怪的是中经开盈利不到1亿元。那么70亿白花花的银子究竟被谁拿走了呢。答案已不言自明，被那些先知先觉的在中经开名下开仓的大户们拿走了。"327国债期货事件"半年后，中经开因长虹转配股违规上市而遭到证监会处罚。后来，其操纵股市的恶习不改，因违规做庄银广厦和东方电子等多只股票，2002年6月7日，人行一纸公告，了结了中经开短暂但却充满神秘色彩的金融生涯。原中经开主管国债期货的副总裁、上海证券营业部总经理戴学民，曾于1995年在北京遇刺后下落不明。2015年4月25日，潜逃海外14年之久的戴学民被缉捕归案。2016年7月12日，南京中级人民法院依法以挪用公款罪，判处戴学民有期徒刑6年。

作为空头主力的万国如今在申万宏源证券公司中留下了身影。作为多头主力的中经开却早已烟灰云灭。

人生感悟：国债期货——永远的痛！历史已经翻过了这一页。我只能说，我参与了，我尽心尽力了！历史终将会公平对待每一位参与者，功过是非由历史来评判。

第十四章
国债期货亏损的调查

1995年1月18日,28岁的巴林银行集团新加坡公司总经理兼交易员尼克·里森,在未经银行总部授权的情况下,购买数量庞大的日经指数期货合约,到2月10日,里森已握有新加坡期货交易所创纪录的55 000口日经指数期货多头合约以及2万口日本债券期货空头合约。2月23日,里森试图影响市场走向的努力彻底失败。日经指数收盘价降到17 885点,而里森持有的多头风险仓位已达6万余口。他所持有的日本债券价格一路上扬,其空头风险部位也已达26 000口合约。里森最终给巴林银行所带来的损失高达8.6亿英镑,而在2月中旬,巴林银行全部的股本金只有4.7亿英镑。此事件最终使1763年成立的、具有233年辉煌历史的巴林银行宣布倒闭,里森则被判处徒刑6年半。

1995年3月,早春的北京全国"两会"如期召开。而在"两会"召开前的2月23日,国内发生了"327国债期货事件",随后国际上爆出了英国巴林银行倒闭事件。这两件不相关的事件,由于发生的时间就差几天,"327国债期货事件"就被称为"中国的巴林事件"。

全国政协委员、经济学家戴园晨先生在会议上作了言辞最为激烈的发言。他在发言中指出,英国最近发生了巴林银行的投机事件,一个交易员的不法交易使该银行损失为 8 亿英镑。中国也发生了类似事件，这就是万国的违法交易事件。万国经营证券搞投机，亏损 16 亿元人民币。按我国当时的法律，贪污 4 万元要判刑进监狱的，贪污 100 万元以上要吃枪子儿的。那么投机搞空手道，投机金额达 1 400 亿元，应该得到什么样的惩处……万国造成的问题，其严重的渎职行为与贪污行为在性质上有所区别，但渎职者与贪污分子应该同样处理……一石掀起千重浪，自从 1995 年"两会"上戴园晨先生的发言后，有关"327 国债期货事件"的反思剑走偏锋。1995 年 4 月，也许是在"两会"以及舆论的压力下，国务院责成监察部会同证监会、财政部、人行等部门组成"2.23 联合调查组"，在上海市人民政府的积极配合下，进入上交所、万国、海通、申银、中经开上海证券部，以及与"327 国债期货事件"相关的单位，开始对"327 国债期货事件"作专项调查。在调查中，调查组把相关单位的往来账目、交易记录、决策文件仔仔细细查了一遍，调查持续了 4 个多月。上海市地方政府也开始调查相关单位的国债期货业务，上海市人民检察院一分院负责调查万国的国债期货亏损。

海通自营的国债期货虽然经我与相关同仁的奋力拼搏，使公司避免了灭顶之灾，但还是造成了期货业务亏损 2 亿多元的损失，在当时 2 亿多元的亏损可是件天大的事。海通的亏损惊动了交行，惊动了北京，有人因此将我以渎职罪向检察院举报。检察院二分院在征求交行总行的意见后，正式与交行有关部门组成了联合调查组，对海通国债期货的亏损、对我进行长达 15 个月的调查。

第一节　国债期货业务操作的决策

海通经营国债期货的主力品种为 316 品种，因此 316 国债期货业务操作的决策是此次调查的重点，因为这事关由谁来对亏损承担责任的问题。那么

第十四章 国债期货亏损的调查

海通的国债期货自营业务是个人独断还是集体决策，是某个时间段集体决策还是整个过程都由集体决策呢？要调查清楚，从开仓到平仓的整个事实真相必须还原！

海通自营持仓的316国债期货从1994年11月中旬起～1995年3月底，整个过程长达4个多月，根据行情变化，整个过程有三个阶段性决策：

第一阶段决策：决策时间是1994年11月中旬，主要内容就是是否要建仓316国债期货合约。1994年11月，当时国债期货市场形势十分有利于做空，首先从技术面上看，1994年11月8～14日，国债期货连续5天上涨，其中1992年发行的5年期3月交收的品种，即316品种上涨至126.5元，市场出现了逼空现象，已超过正常的理论价格，从技术上看也应有回档。其次国家从1994年4月将1994年度的通胀率目标控制在15%下，由此保值贴补率也就下降，因此国债期货价格理应下跌。再次财政部已经在酝酿1995年1月开始发行1995年度国债，而且数额较大，可用于交收，此举对于做空十分有利。公司自营部门据此提出做空国债期货316品种。我与自营部门的同事先后拜访了上交所、上海财政局、申银、上海财政证券公司和中经开上海证券业务部的有关同行，探讨行情走势和操作思路，他们认为可以做空。在调查研究和分析预测的基础上，我作为分管此项业务的副总，同意做空316国债期货。决策实施后，3天内盈利（包括浮动盈利）即达500多万元，当时市场走势也证明这个操作和决策是正确的。公司当时正处于改制的挂牌期，还未制定业务方面的相关职责权限，也没有相应的期货操作决策规章制度。工作上千头万绪，业务方面主要由我负责，集体决策。就当时整个证券市场的管理现实，国家没任何的相关规定。公司也没有意识去制定相应的权限规定。

第二阶段决策：决策时间是在第一阶段操作以后至上海"327国债期货事件"之前，即1994年11月20日～1995年2月16日，决策的主要内容是316国债期货操作思路。第二阶段的决策并未否定第一阶段的决策，而是认同第一阶段的决策，认为整个形势还是有利于做空，因此，316品种不急于平仓。采取的主要对策为：一是调度资金补充期货保证金；二是加强行情研究，从其他品种上入手争取赢利；三是316品种以做差价为主，降低成本，适量平仓；四是做好现券及现金的筹集工作，准备实物交收。1995年2月10日前，整个国债期货的行情走势也证明这样的决策是正确的。2月10日的期货价格已接近公司的开仓成本，此项决策除了平时领导交流外，还于1994年12月30日上午党组专门开会研究决定。会议由董文标同志主持，参加会议的有董文标、汤仁荣、沈德高以及部门负责人蔡生万、王建业、黄静等。

第三阶段决策：决策时间是1995年2月16日，决策内容是面对形势转折而相应调整公司的期货操作思路。在我的提议下，董文标同志于1995年2月16日召集党组会议专题研究。参加会议的有：董文标、汤仁荣、沈德高，以及部门负责人蔡生万、王建业、黄静等。在会上，我和自营部门的黄静预测分析了行情走势，建议平掉316空仓，同时郑重提出了在国债期货319品种上开多仓50万口。但是非常遗憾，1995年2月16日海通党组会议所作的决策，用党组书记董文标同志的话来说，就是"只许平空仓，不许开多仓，我们认输了"。这个决策实在令人匪夷所思，因为按照期货交易的常识，行情看涨就应在平空仓的同时反手开多仓。如果担心开多仓有风险，那么就说明行情看跌，则不应该平空仓。如果对行情看不清，又为了控制风险，则应在保持空仓的同时开多仓锁定风险。2月16日以党组名义作出的决策是一个基本看清了行情，但又必然造成亏损的决策。这真是一个糟糕的决策（见图14-1）。

以上几次有关国债期货操作的决策党组会议，都有党组会议记录在案存档，是集体决策的结果，并非我个人所为。在行情发生重大变化时，按照我的权限也不可能个人作出决策，当时检察院的调查中也明确认定了这一事实。

第十四章 国债期货亏损的调查

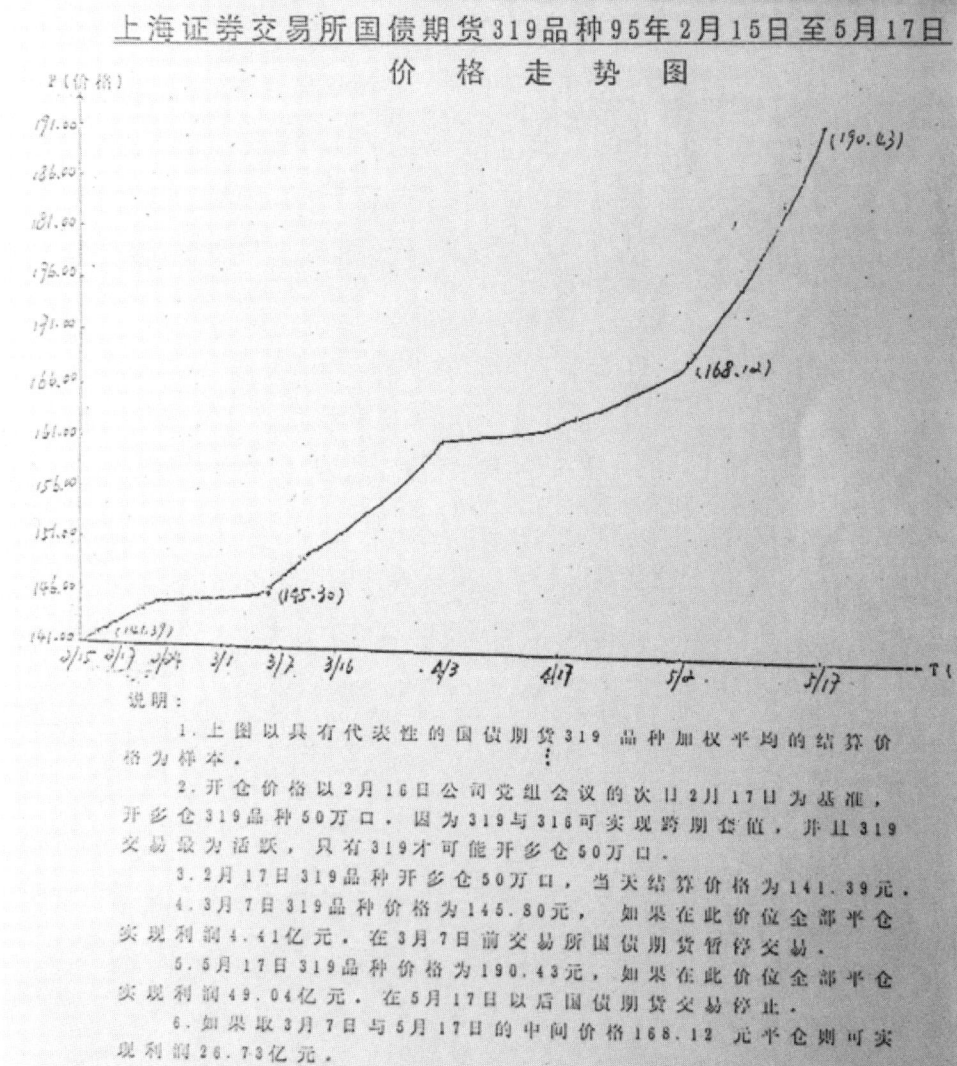

图 14-1 国债 319 走势图

第二节　国债期货的仓位

国债期货的仓位即开仓数量是否超仓,是检察院进行调查的重点,如果认定海通超仓,则我们违反了上交所的规定。但实际上国债期货的盈亏与开仓方向相关,即多仓还是空仓,仓位的多少与盈亏方向没有关系,与盈亏数量相关。方向不对,哪怕只是1口也会造成亏损,1口与100口的差别在于亏多与亏少的金额而已。

在检察院的调查中,我详细介绍了从1994年11月15日~1995年2月23日,即"327国债期货事件"前海通的国债期货仓位。海通是从1993年10月进入国债期货市场的,于1994年11月15日开始较大规模介入国债期货市场。1994年11月15~17日3天累计对316开仓137 236口,累计平仓81 679口,11月17日持仓58 657口,3天操作的累计盈利466万元。11月18日受前3天操作盈利的刺激,增加了316品种空仓量,至当日结束持仓量达418 629口,达到开仓量的峰值。此后根据当时党组会议决策,自营部门反复通过做差价并降低仓位,至1995年2月16日,公司316品种持仓量为345 789口,至"327国债期货事件"当日,公司持国债期货各品种空仓、多仓合计为68 017口。问题的焦点就是11月18日41万口的持仓数量是否超仓,是否违规,检察院要公司拿出上交所关于核定公司仓位的书面文件。对此我再次作了解释,反复强调,仓位多少与盈亏数量有关,而与盈亏方向无关。我着重解释以下三点:

(1) 上交所对仓位的管理。上交所国债期货业务处于试点阶段,关于仓位量的一般做法、在是否需要有仓位量的限制和多少仓位量才算比较合理科学,始终处于摸索阶段。在早期对会员公司是没有仓位量限制的,在后期是根据市场情况和会员公司的经营规模来考虑仓位量的,并且该仓位量是随时可以调整的,而这些调整及仓位数量往往是口头答应而无书面通知。1994年11月,像海通这样的大公司一般在30万~50万口,当时上海财政证券公司仓位就是达到了 50 万口。

(2) 公司当时仓位量的情况。在公司关于开仓量的问题上，当时没有任何规定，既没有规定持仓量，也没有规定各级权限，仓位量与现货交易量是有区别的。1994 年 11 月 15 日开始较大规模做空时，只是认为可以做空，但是从未议论过准备做多少数量，事实上国债期货行情变化无常，也难以事先决策做多少数量，在多空对决中，犹如短兵相接，只是考虑如何把多头打下去。因此现实情况是仓位总量是一个操作的结果，这一结果并非是谁决策或同意。当时的结算程序是先吃饭后买单，即先交易后清算，根据交易结果得知当天最终的开仓仓位和期货保证金的清算。这也就"327 国债期货事件"中万国得以违规的清算规则漏洞。

(3) 关于超仓违规的处理。上交所在国债期货交易的当天晚上清算后，如果发现超仓违规或保证金不足时，第二天开盘前则会通知会员公司：超仓的部分必须平仓，保证金不足的必须追加保证金，会员公司如不执行，上交所可采取强制平仓的措施，以达到合理仓位和满足保证金的要求。公司在大规模做空前，曾与上交所主要领导在探讨行情时提及公司期货仓位问题，该领导表示可以商量解决，并且答应 50 万口。在 11 月 18 日空仓持有 41 万口，后来为便于操作，在 1994 年 11 月 19 日，公司前往上交所申请分散仓位进行移仓，上交所予以办理。根据上交所交易规则，公司在开仓时如违规超仓，就会被提出警告并禁止开仓，事后上交所会将超仓部分强制平仓。上交所同意公司移仓以及以后一段时间内允许公司保持较高的仓位，本身就表明公司并未超仓违规。事后检察院又向上交所核实此问题，据说当时那位接待我并同意解决仓位问题的上交所领导承认有这回事，探讨过国债期货行情和仓位问题。

第三节 国债期货亏损的责任

检察院对公司自营国债期货亏损的调查，说到底就是谁应该承担责任的

问题，这是国债期货亏损调查的目的。

检察院二分院反渎职处的裴处长、陈科长为此做了大量的调查工作，两人遍访上海主要金融机构的领导，所访之处，各金融机构都是一把手出面接待的。这些被访者一致认为，国债期货处于试点阶段，输盈均属正常，应从中总结经验教训。从管理层的角度是如何加强监管，从上交所的角度是如何利用制度和技术手段有效控制风险，券商要如何从内部整章建制，完善经营制度和风险控制。如果有了亏损就追究相关业务人员的渎职罪，似乎没有法律依据，也不利于以后业务的创新与发展。

检察院在正式向我作调查时，也重点询问了国债期货亏损应由谁承担责任的问题，尤其问我，难道你个人连领导责任也没有吗？我反问道，你们认为哪一点该我负责任？我坚持我没有责任，最多有几点教训或者说体会而已。

我对检察院的调查人员说，就本次公司国债期货业务体会有三条：体会一，对于党和政府制定的目标要加以研究，要根据市场情况加以判断。1994年4月，国务院领导在召开的全国计划经济工作会议上谈到控制全年通货膨胀率时表示，1994年全年通货膨胀控制在两位数以内，也就是通胀率在10%以下。公司国债期货做空也是基于国家能实现控制通胀目标的预期，拿今天的话来说也是讲政治的。但是到1995年1月以后通胀只增无减。当时我国已从计划经济开始走向市场经济，因此要时刻关注市场的变化，来判断党和政府制定的目标是否能实现。而在以往对党和国家制定的目标是不可能去研究的，只管奔着目标向前冲。体会二，对党和政府已制定和实行的政策是否会根据市场变化而作调整要做出预测。"327国债期货事件"的分歧就在于327合约对应的国债到期是否会贴息，即是否会调整原已确定的债券利率。在1994年财政部发布的相关公告中，对应以前年度发行的国债实行保值贴补，但未提及对债券利率进行贴息。但在1995年2月，为了有利于1995年国债的发行，对327合约对应的国债进行贴息，而且一次性贴息高达四五个点，这是为了促进1995年的国债发行而调整以往已发行的国债利率。因此要研究在市场经济条件下，要关注形势的变化而引起的政策调整。体会三，对于能否实现目标的判断，对于国家政策调整的判断，应持谨慎态度，决不能凭判断来指导实际业务。因为市场在变化，在目标实现前、政策调整前的一切不确定性都是存在的，需要谨慎再谨慎。这三条体会也是国债期货业务给出的教训。检察院在长达 15 个月的调查中，海通和交行总行给予了积极的配合。检察院调查人员也曾以以上三个主要问题多次召集上海金融机构、上海市法律界人士召开研讨会。

1996 年 7 月，检察院的调查结束了。我要感谢检察院的调查，正是他们的调查，再次证明了我的廉政与廉洁，因为他们在调查中根据有关人员提供的相关线索，对我在经济上进行了全面细致的调查。调查表明，我在 10 年从事证券业务中洁身自好，不贪不拿国家、集体的一分钱，不曾收受上市公司和客户一分钱的好处。正是这种自身经济利益上过得硬，才避免成了万国管金生第二。我要感谢检察院的调查，正是他们的调查，弄清了公司自营国债期货业务亏损的始末，了解了公司国债期货的决策过程和国债期货的大背景。同时，在海通创业期间人们对有些业务的疑惑也解除了。检察院从实际情况和事实出发，以实事求是的态度，认定涉及海通国债期货的亏损个人无须承担责任。假如个人需承担责任，则一定是刑事责任而非行政责任，因为毕竟是 2 亿元左右的损失。我还要感谢检察院的调查，正是他们的调查，还了一起创业同仁的清白。他们都抵制了金钱、物质的诱惑，经受住了考验，都是好样的！

虽然检察院的调查结束了，但是我却始终未能看到检察院的调查报告，也没有看到交行总行的调查报告，更没有看到检察院的检察建议书。交行总行和海通也从未有人向我了解公司国债期货的事情，我是公司国债期货被调查的主角，但似乎我又是公司国债期货的局外人。

第四节　18 年后知原委

国债期货调查结束后，交行总行原主要领导找我谈话，大致内容是检察院的检察建议，中央领导有批示，不处理不好交代，必须要有人负责等。谈话后交行总行就发了处分我的文件，这份文件主送海通，抄报送朱镕基副总理、戴相龙行长和人行，并抄送交行所属的分支行、中国太平洋保险公司，但是未见抄送检察院，于是我被责任了。中央领导的指示和检察院的检察建议，我只是口头听说而从未见过书面文件，也没有谁向我宣布国债期货的调查结论。

  1999年春节后，在一个偶然的机会，我碰到当时参加调查的检察院二分院的陈科长，他对我说交行调你到总行去你为何不去，我回答说，你们如此调查又发检察建议书，我还去干嘛？此时他吃惊地说你听谁说的？肯定没有，如果有一定应由他来起草检察建议书。听闻此言之后，我又问当时参与调查的交行人员以及几位交行总行的领导，他们均回答也只是听说，但未见过书面文件。于是我于1999年5月28日向上海市人民检察院信访此事。检察院接信访后打电话问我，听谁说有检察建议书？我回答是部级干部的交行总行领导告诉我的。他又说当时是二分院调查的，再问下二分院。检察院此后便杳无音讯。检察建议书有还是没有？如果有，又是如何作结论的呢？我更感疑惑。

  18年后的2013年，我为弄清此事原委，致信有关部门后，交行总行在2013年3月给我答复。在此答复函中，第一次书面出现了我因316国债期货问题被检察机关调查及处理建议、中央领导同志批示的字样。于是我以此函为依据向上海市人民检察院第二分院信访此事，二分院接此信后十分重视，2013年8月27日，检察二分院的王凉副检察长亲自接待了已是一介平民的我。王副检察长告诉我，对我的调查合法，造成的损失不构成犯罪，检察建议并报送交通银行总行。检察建议的主要内容分为两部分：一部分是调查结论，另一部分是检察建议。在调查结论中主要有四个方面：一是违规超仓（即前面所述的峰值41万口），二是重大事情没有事先汇报，三是抽调无经验人员具体操盘，四是操纵市场价格，试图影响期货价格。闻此四大问题，我当即问道，且不论此结论是否正确，我作为当事人是否应在18年前就应知晓？我在18年前的调查中，除了第一条外，其余三条从未有人向我提及，也从未有人向我告知此结论。现在18年过去了，我是第一次听到有此结论的。随后我逐条质疑这四大问题：一是关于违规超仓问题我已经作了详细说明，事实摆在那里；二是关于重大事情没有事先汇报，我问道，公司当时没有此类规定，你看到公司哪一条规定说要事先汇报？更何况在事后讨论此事时，从没有说我没有事先汇报，你们不能主观认为是重大事情就是重大事情；三是关于抽调无经验人员操盘，当时主要的操盘人员本身就在自营部门，何来抽调一说？我问道，你能找出当时公司其他人员业务能力超过她俩的吗？再说上交所国债期货本身就是试点的，大家都第一次做，谁能说他就是有经验的？四是关于操纵市场，这应该是专业部门认定的，更何况我们只是按自己决策的做，且结果连期货价格都没影响到，何来操纵？我们如能操纵价格还会亏损吗？我说道，这四条不要说我认为站不住脚，即使交行总行也不认可，因为在处分我的文件中，根本未提及检察院，也未提及上述四条内容。王副检察长问我，那交行以什么理由处分你？我答道，是我擅自决策。闻此言，他说道，这不符合事实，你们先后开了三次党组会，党组会议记录都在此。随后王副检察长又说检察建议书是对交行的内部文件，并非针对我本人，检察建议只是针对上述问题提出加强整章建制，加强风险管控，未建议处理任何人。对你的处理单位是交行，对处理不服可向交行申诉等。至此我总算搞明白了此事原委：一是有检察建议书，有调查结论，但并非建议处理我个人；二是交行总行领导讲有检察建议书，但因未建议处理我本人，所以不便公示于我和他人；三是交行总行不认可检察院的调查结论，所以对我的处分决定中并未采用检察建议中的四个结论；四是中央领导有批示，要严肃查处责任人，故报送朱镕基副总理。

多年后的今天，我因国债期货亏损被交行总行无端追究责任，个人又有了新的认识。我平时埋头业务，与交行总行领导缺少沟通，在国债期货调查结束时，海通原主要领导已调离交行，交行无权处分一个已经不在交行的人，中央领导有批示必须有个交代，而我毕竟又是参与决策、参与操作国债期货业务的。我被责任也就情有可原了，真是各有各的难处。

人生感悟：我衷心地欢迎国债期货亏损的调查，通过调查还原了事实真相，厘清了责任，更重要的是证明了我的廉洁奉公。我也充分理解了我被责任的整个过程中，交行所作处分的"合理性"。国债期货亏损的调查所经历的一切，是我人生中不可缺失的磨炼和精神财富。

第十五章
创业者的风采

  1982年1月1日,中国共产党历史上第一个关于农村工作的一号文件正式出台,明确指出包产到户、包干到户都是社会主义集体经济的生产责任制。此后,我国政府不断稳固和完善家庭联产承包责任制,鼓励农民发展多种经营,使广大农村地区迅速摘掉贫困落后的帽子,逐步走上富裕的道路,中国因此创造了令人瞩目的用世界上7%的土地养活世界上22%人口的奇迹。

  然而这一切起源于安徽省凤梨公社小岗村的18户农民为了能吃饱饭,不再向国家伸手要钱要粮,率先实行了"包产到组、包产到户",于1978年11月24日在生死契约上按下了鲜红的指印,由此拉开了中国农村经济改革乃至整个国家经济体制改革的序幕。此举得到了时任安徽省委书记万里的支持、改革开放总设计师邓小平的肯定。中国经济体制改革是一个全民参与的伟大事业,只有从上到下的齐心协力,经济体制改革才能获得成功。一个国家的改革是如此,诸如海通这样的千千万万正在创业的企业亦是如此。

  海通从1988年9月22日成立至今已经30年了。30年前创业者为创建海通努力奋斗,海通成立后又为创业尽力拼搏。有人说是我一手创建了海通,坦诚地讲,我是创建海通的亲历者,海通是我与同仁们一起创业的,用今天的话来说就是创业团队,并非是我一个人在战斗。海通创业初期同仁的身影、奋斗的足迹历历在目。

第一节 证券从业人员的榜样

王少燕同志是海通的骄傲,是证券从业人员的榜样。她以一个共产党员的标准严格要求自己,克己奉公,忘我工作,全心全意为投资者服务,先后获得由人行、中国金融工会授予全国金融系统劳动模范称号,由上海市人民政府授予上海市劳动模范称号,王少燕在平凡的岗位上做出了不平凡的业绩。20多年过去了,但她当时的事迹仍印在我的脑海中。

一、廉洁奉公为客户

证券市场是一个与钱打交道的行业,面对几万、几十万金钱的诱惑,王少燕出于党心、公心、良心,守身如玉,不为金钱所动,不为私利所惑。1991年12月6日,已进入古稀之年的陈姓台商来到海通长宁营业部,申请购买电真空B股,但此时电真空B股发售已经告罄。王少燕便陪陈老先生来到公司总部,经多方联系,从公司库存挤出20股,使陈老先生如愿以偿。在两人乘车归途中,陈先生乘其不备,将500元人民币塞进了王少燕的外衣口袋。下班回家后,她发现了口袋里的钱,断定是陈先生所为,于是立即打电话给陈先生,情真意切反复陈辞,陈先生被王少燕的真诚打动,收回了这500元钱。又有一次,一位客户工作繁忙,但又想抛掉手中股票,于是委托王少燕,王少燕按客户要求抛出了股票。客户出于感激之情,要送一枚戒指给王少燕。爱美之心人皆有之,但是如果戴上这枚不应属于自己的戒指,一个证券从业人员的职业道德就会受到亵渎,她断然谢绝了。1992年发行股票认购证①时，一位大户买了上千张认购证，在 1992 年 6 月 2 日的第二次摇号时，上海发行的 34 只股票该客户全部中了。当他提着一大袋人民币赶到营业部时，面对柜台拥挤的人群，发现中签缴款又成了难事。到了下班的时间，王少燕主动加班，忙乎了半天为他办妥了股票缴款事宜。他一定要送点礼物酬谢王少燕。此后的一天，天上下着毛毛细雨，王少燕下班骑车回家时，那客户骑车追了上来，叫停了王少燕，将装了厚厚一叠人民币的信封往王少燕的自行车网兜里一扔后转身就要走。王少燕一把抓住他，一脸严肃地一边告诉他不可以这样，一边把信封完璧归赵。是啊，面对金钱的诱惑，王少燕体现了一个共产党员、一个证券从业人员的高尚品德。

二、兢兢业业的好员工

王少燕从部队转业到交行上海分行，尔后调至海通长宁营业部，成为一名普通的员工。调往长宁营业部时，股票交易尚未实行全过程电脑化和无纸化，为客户办理委托和交割可不是一件容易的事，"牛"市来临时，黑压压的人群令人生畏，营业部的柜面人员动作稍微慢一点就会招来客户一片斥责声，因为这分分秒秒都与客户的盈亏相关。怎么办？王少燕拿出军人的气质，苦练基本功。她将客户的账户分类制卡，死记硬背卡上的姓名、资金账号、股票账户。她只要有空，无论白天还是晚上，上班还是下班，即使躺在床上，脑子里也还是客户姓名、资金账号、股票账户，简直练到如痴如醉的程度。功夫不负有心人，那时只要客户前来柜台委托，语音未落，她已从几千张卡中抽出了客户的资金卡与股票存折卡。1991 年 8、9 月份，是上海股市最牛最"热"的时候，也是营业部人手最紧的时候，她一人顶三个岗位，与营业部同仁一样天天加班至深夜十一二点。在此期间，她的宝贝儿子患了

---

① 股票认购证，由于社会公开发行股票的数量与股民需求差距甚大，给发行股票的组织工作带来了很大的困难。1992 年 1 月，上海推出用于新股认购的"上海股票认购证"，投资者凭身份证购买股票认购证，凭认购证摇号中签认购新股。此证购买数量不限，全年有效，能多次摇号中签。认购证每份 30 元，共发行了 207.7 万份，扣除成本后结余资金 5 620 万元，统一安排用于社会福利事业。

急性肠胃炎,上吐下泻,她丈夫急得双脚跳,但她把儿子托付给丈夫,自己没在儿子身边陪过一天。又有一次,她丈夫出差离沪,她下班回家后,儿子气喘病发作,憋得小脸紫一阵白一阵,儿子哭,她也哭,母子俩泪水相伴到黎明。天亮了,她仿佛军人听到前进的冲锋号,把儿子托付给母亲,含着泪昂首阔步迈进了长宁营业部。

长年累月的超负荷工作,王少燕累了,实在是太累了!有一天的清晨,她心口一阵剧烈的疼痛,竟然连话也说不出了,她知道这是心肌炎复发的不祥征兆。她支撑着到医院挂号看病,好不容易叫到号,就催促医生赶紧看,因为她必须在上午9:00前赶到营业部上班。医生责怪她,"你生病了还上什么班?你生的这个病随时都会倒下,危险知道吗?"其实她何尝不知道这个病呢?但是她让医生配点药,把病假单往兜里一塞,又赶到营业部去上班了。因为她知道这一阵子股市行情看好,来营业部的客户增加了很多,员工多一个人就多一份力量,就能为客户提供更全方位的服务。得到优质高效服务的客户笑了,可王少燕的身材苗条了,体重从130多斤降到90多斤,足足瘦了40斤!她把满腔的爱献给了她所热爱的证券事业,献给了海通。

三、热心服务,勇于开拓的好经理

1992年4月,海通延安西路营业部成立了,王少燕被调往延安西路营业部担任主持工作的副经理(见图15-1)。岗位变了,地位变了,但为股民服务的心不变。有一位姓毛的客户委托其弟弟抛掉一批股票,股票抛掉后没有告诉其姐姐去办交割,时间一长,该客户自己也忘了。7 000元钱就躺在营业部账上。王少燕派员工到客户登记的地址寻找,但那里已经动迁;又找派出所查询,被告知到乡下去了,地址不详。最后又查到客户上班的工厂及电话,费尽周折才找到该名客户,终于把钱款交到客户手中,客户感动地送上了热情洋溢的感谢信。代理上市公司分红利,如今已实现自动化,在除息当天证交所清算后,红利全部自动到达客户的股东账户上。但在当时代理上市

图 15-1　王少燕

公司分红利，却全部是手工操作的，是一项十分繁琐的工作。1992 年浦东大众分红利，原定 4 月 30 日结束，但 6 月份依然有许多人因种种原因未能认领，在延安西路营业部剩余红利 22 万多元。王少燕与大家一起给 100 多位投资者发了催领信，即使只有几十元的也不例外。有一位杭州股民，应领红利 28.8 元，如果来上海的话，连路费和住宿费都不够。他抱着一丝希望写信给营业部，王少燕接信后，在办妥相关手续后让工作人员汇出了 28.8 元红利。地位变了，对她提出了更高的要求。客户反映行情三格一跳速度太快，她会同电脑员马上改进。客户反映上班没空炒股，营业部推出早、午市服务，每天提早 1 小时开门，中午不关门，为客户办理交割与委托。老年人、残疾人反映炒股不方便，营业部推出了专为老年人、残疾人服务的窗口……

用心做好一件事情容易，难的是用心做好每一件事情。那位曾经受到王少燕热情接待、并被辞还酬金的陈老先生事后致信公司领导，由衷赞叹，"今日祖国年轻一代如此清廉、自守，不贪、不污，实应归功于共产主义、社会主义教育有方，能使国格、人格一并提升。"是啊，王少燕和他们延安西路营业部团队认真做好的每一件事，最终汇成了文明服务的窗口，结出了丰硕的成果。延安西路营业部开业 4 个月，慕名而来的客户已逾 4 000 户，成交额达数亿元，成为上海地区营业部的排头兵。如今虽然交易操作技术先进了，人们不用再那么辛苦了，王少燕同志也已离开了海通，但她那种廉洁自律、一心为公的精神仍然值得称颂、值得发扬光大。

第二节　大学生团队的风采

海通在创业初期，交行上海分行就分配了一批大学生到海通，他们的到来为海通创业阶段的发展起到了重要的作用，成为海通创业初期的骨干力量。

余伟同仁是 1989 年的上海财大毕业生，1989 年 7 月到海通报到的。瘦瘦的他是哪里需要就到哪里去，在大学生中资格最老，轮岗最多。刚到海通时被分配在黄浦营业部从事柜面工作，不到一年就与黄克琴一起去筹建长宁营业部。筹建刚结束就负责长宁金库的工作，日夜蹲守在金库，每一麻袋国库券与股票凭证的进出都浸透了他辛勤的汗水，每一袋有价证券都认识他。当年长途跋涉背国库券有他的身影。长宁金库工作告一段落后又回到公司担任公司驻上交所的场内首席代表，负责公司与上交所的沟通与协调，其间还承担公司股票自营业务的重任。由于当时的干部管理体制，他从筹建长宁营业部开始就被委以负责人重任，但始终未能名正言顺，直到筹建公司新开河营业部才被正式任命为主持工作的副经理，在新开河营业部独当一面，为该营业部以后的发展打下了扎实的基础。新开河营业部又是公司早期的实习和培训基地，从这个培训基地先后走出了穆可意同志、张国富同志等一批公司的中坚力量。正是他的敬业精神，使公司认可上海财大毕业生，以后又从上海财大招收了黄静、许莉、张建华等一批优秀的大学生。

黄静（见图 15-2）和许莉同仁都是 1990 年上海财大的毕业生，1990 年 7 月 25 日到海通报到的。经过业务锤炼，黄静同仁从 个文静的小姑娘到业务上独当一面的自营操盘手,后任公司自营业务部——交易中心副总经理。她在电脑键盘前是如此自信,每每根据市场情况,根据大盘变化提出自己的建议,为公司的自营业务尽心尽职。在海通国债期货自营业务的操作中日夜操心,经常深夜 12:00 还在电话里与我商讨国债期货行情和明天的操作思路。在 1995 年 2 月 16 日党组会议决策要平掉国债期货 316 空仓后,2 月 17 日深夜,黄静在余伟、张建华的陪同下,前往上海贵都国际大酒店,与辽国发的代表谈判 316 平仓事宜(那时辽国发是 316 多仓),记得在夜深人静的 11:00 多,她在贵都国际大酒店用电话向我汇报谈判事宜,根据事先准备的谈判要点与辽国发的代表达成了平仓协议。一个小姑娘这是要有何等的勇气、何等的担当,她为海通在国债期货中躲过灭顶之灾立下了汗马功劳。黄静身处公司自营岗位,掌握着公司的操作秘密,同时经营着公司的国债回购业务,掌握着公司大资金的进出。有太多的客户想要接近她、巴结她,真是有太多的诱惑了。一次有一客户从深圳回来,托人送一包东西给黄静。当着来人的面,黄静打开包装一看,是一个包和一根项链。面对时髦的包、漂亮的项链,她根本不为所动,当场原封不动地让来人退回给用心良苦的客户,抵制了物质的诱惑。许莉同仁长得和演员姚晨有点像,看起来大大咧咧的,

图 15-2 黄静(左);陈康良(右)

可做起事来绝不含糊，在海通这个大摇篮中迅速成长为海通国际业务的骨干。她是公司国际业务部的元老，尔后又被派往香港筹建海通（香港）国际，如今仍然奋战在海通上海自贸区分公司的领导岗位上。

张建华同仁是1991年上海财大的毕业生，1991年8月到海通报到的。张建华人称张公子，是长得白白净净的一个小帅哥，他从一名大学毕业生到上海业务总部副总经理，仅仅用了3年时间。张建华到公司后在黄浦营业部实习，并且很快熟悉了营业部的各个岗位，其组织能力也崭露头角。在黄浦营业部的岗位上不到1年，就调往公司新筹建的闸北营业部担任主持工作的副经理。

一个学生气未脱的青年成为独当一面的营业部经理，这是何等的飞跃。在营业部的领导岗位上，在公司总部的指导下，整个闸北营业部业务风生水起，有声有色。他于1994年8月30日被改制后的海通党组任命为上海业务总部的副总经理。他在平时的工作中与王少燕同仁一样，抵制了金钱的诱惑。在海通国债期货调查中，有人反映他曾陪同大户前往外地申购新股，质疑其是否拿了好处。那时股票发行市场推出存资金配新股，客户向公司融资，去外地认购新股。为了保证公司资金的安全，公司曾数次派他手持本票，随客户前往新股发行所在地银行，存入资金配新股，每次公司资金都能安全回来，并按约定取得收益，无一闪失。经过公司与检察院的严格审查，证明张建华同仁是按公司规定操作，个人没有从中取得一分钱的好处，他也经受住了金钱的考验。

陆雁同仁是1992年上海大学的毕业生，1992年8月进入海通的。由于她在业务培训时的突出表现，培训结束后被分配到办公室工作，任总经理室秘书。说是秘书其实就是一个打杂的，总经理室在当时除了我以外还有4位副总，事情够多的。同时她还承担了大量的对外接待工作，当时挂牌海通的异地营业部和交行各地分支机构的证券部，但凡参加上交所的证券交易，必须派出员工任场内红马甲，他们来上海后到公司基本上都是由陆雁来接待安排、落实相关事宜的，她充分胜任了这"打杂"的岗位。

1994年3月,公司决定派陆雁筹建中原营业部,营业部负责人的岗位对她又是一个新的挑战。她非科班出身,又从没在营业部的岗位上实习过,一切都要从头开始。然而她就是凭着一股韧劲,在短短几个月的时间里全面熟悉了营业部的操作流程、财务核算、交易所的交易规则等。1995年7月4日,是海通主承销的四川东方电子股票发行的认购日,那次股票发行认购是在交易收盘后的1小时内进行的。消息一出,广大的股民误认为海通主承销就是海通主办委托,所以从上午开始,热情的股民就从四面八方赶到公司的各个营业部。中原营业部所处的五角场区域是人口密集区,因此人流更为拥挤。到下午3:00正式接受委托时,营业部外早已是人山人海了,场面几近失控。危急时刻,只见陆雁沉着冷静,一面组织员工加快委托速度,一面向杨浦公安局求助。杨浦公安局接报后迅速调配100多名警力增援现场,维持秩序,一场危机就此化解。她又一次经受了市场的考验。陆雁自从1994年3月担任中原营业部负责人后,至今仍坚守在海通证券营业部经理的岗位上。

第三节 异地拼搏的团队

1992年8月,人行总行发布〔1992〕165号文,《关于证券机构跨地区设立证券交易营业部有关问题的通知》,明确了沪深两地交易所的异地会员可以在沪深两地设立证券营业部,就此拉开了各证券公司在异地建立证券营业部的大幕。海通作为在全国有影响的券商,自然不甘落后。公司从1993年开始派一批同仁离乡背井前往异地拓展业务,建立异地证券营业部。

穆可意同志是1990年3月进入海通、加入公司的创业团队。他从营业部的各个岗位干起,一年半后已经熟知各个业务的操作环节,1992年就担任了公司黄浦营业部的负责人。公司在成立杭州营业部时,又任命他为杭州营业部副经理。1992年12月,公司又决定派遣他前往深圳作市场调查,准备设立深圳营业部。1993年春节后，公司正式决定建立深圳营业部，由穆可意同志负责，并配备相应的业务班子。公司给他们下达的任务是1993年6月底前开业。穆可意同志领受任务后，带着一帮小青年白手起家，克服重重困难，使深圳证券营业部于1993年6月8日正式开业，建成了公司直属的第一家外地证券营业部。

1993年6月，公司委派张国富同志前往武汉筹建武汉证券营业部；1993年8月，公司委派高嘉慈同志前往天津筹建天津证券营业部；1994年8月，公司委派冯鼎真、钱文刚同志前往沈阳筹建沈阳证券营业部。为了公司发展大计，他们无条件服从公司安排。这是一批正值青壮年的公司骨干，上有老，下有小，是家庭的顶梁柱，家庭是多么需要他们的照料！当时穆可意和张国富同志的小孩才10岁左右，高嘉慈同志的孩子正值高中阶段。孩子多么需要父亲的陪伴、父母多么需要儿子的照顾、妻子多么需要丈夫作为依靠！古人云忠孝难以两全，在和平建设年代亦是如此，为了公司的发展，为了证券事业的发展，他们舍小家为海通，不提条件，不谈困难，义无反顾地踏上征程。所有派往外地的员工，从营业部筹建负责人到一般的业务骨干，往往从接到通知到成行只有短短的几天时间。在他们到达人生地不熟的城市后，随即投入到紧张的工作之中。营业部选址确定后报当地人行审批，在审批同意后随即展开更为繁琐的具体事务，但凡具体筹建过营业部的同志都明白个中甘苦。他们远在异地，一切皆由他们亲力亲为。在硬件方面，从营业部选址、设计、施工、验收，每一环节都马虎不得。在软件方面，从制定营业部规章制度、招聘员工、岗位培训，缺一不可。在异地工作的几年时间里，他们克服了家庭的种种困难，家中老人、孩子交由妻子照料。高嘉慈同志在家时负责孩子的教育，赴天津后鞭长莫及，孩子为此高中复读一年。钱文刚同志刚度完蜜月就离别新婚燕尔的妻子前往沈阳，强忍着对爱妻的思念，坚守在沈阳营业部的岗位上，直到两年返沪后才有了可爱的小宝贝。

这些外派的同志在外地独当一面，大权在握，资金在手，但是面对金钱诱惑的花花世界都经受住了考验。穆可意同志在营业部装修业务中，多次谢绝了客户馈赠的钱和物；张国富同志面对深夜来宾馆有所企图的装修老板的拜访，详细介绍了公司的装修规定，使其知难而退；高嘉慈同志面对电话局送来的3 000元电话工程回扣不为所动。这些外派同志不畏艰辛建成了外地证券营业部，同时也经受住了金钱和物质的考验，实践证明他们不仅拥有业务能力，而且还具有高尚的职业操守和道德品质。真是他们的无私奉献和辛勤劳动，才为公司努力拓展在异地的证券业务开创了一片新天地。

第四节　创业员工皆拼搏

如果把海通比喻为一座大厦，那么大厦固然需要设计师，需要地基和立柱大梁，但更多需要的是砖和瓦。砖瓦虽然默默无闻，但没有砖瓦何以建成大厦。

记得第一批进入海通的年轻人，也就是海通当初成立时的14名员工，他们中有王枫、陈咏梅、戴海融、施璇卿、范桦、李翊、叶志青等一干人。他们的学历虽然不是很高，但是就如砖瓦默默无闻地做好本职工作，为海通创建打下了扎实的基础。

王枫同志是一个秀丽的女孩子（见图15-3），1988年8月从立信会计学校毕业后被分配到交行，继而直接到海通。面对繁重的柜面业务，始终保持着满腔的工作热情，接待好每一位客户。在结婚怀孕后，她仍坚守在营业部岗位上，记得在临产的当天一直加班至晚上9:00回家，回家后当天就生下了可爱的儿子。她只是一个普通的员工，但这是何等的境界。后来，她大病住院了。2014年6月20日，在她通往天堂的弥留之际，我专程前往浦东医院探望，冥冥之中她睁开眼睛跟我握手，道声感谢。看着她已成年的儿子，我不禁感慨万分，应该是我说谢谢，是你们作为"砖瓦"成就了海通的"大厦"。3天后的6月23日，她带着对家人无限的爱，对海通无限的眷恋离开了我们。愿她一路走好，在天堂不用再那么辛劳了！

图 15-3　王枫

陈咏梅小巧玲珑，她是 1986 年 11 月招聘进入交行的，被分配在海通的前身——交行信贷二部市场科。从那一刻起她就为了海通的事业而努力奋斗。记得 1988 年 4 月，那是国库券开放交易的头几天，柜台前人山人海，我陪交行分行领导检查证券柜台工作，只见她涨红了脸，忙里忙外。那时一天要好几百笔业务，且全部是手工操作，根本无暇微笑待客，分行领导颇有微词，我向该领导解释道她发烧生病了，在带病坚持工作，第二天她再也坚持不住了，病倒在床上。

在那创业初期阶段，几乎众多员工都是如此，加班加点是常事，公司附近的大壶春生煎包因我们加班而生意兴隆，旁边的阳春面加一荷包蛋就是我们的午餐。大家从无怨言，奔着早日建成海通这座大厦而努力拼搏。

说起拼搏的海通人，我忘不了首任电脑主管的陈康良。陈康良是学外语出身，凭着对计算机的爱好成为计算机领域的行家。记得刚到海通时，公司电脑系统还是一片空白。看着一线员工手工操作，日夜拼搏，常常加班至深夜，甚至到凌晨两三点钟，但第二天上午 8:30 又出现在工作岗位上，真的是辛苦和劳累。于是我要求陈康良在 10 天之内搞出计算机软件，摆脱纯手工操作。陈康良领命后在浦东即墨路营业部白天黑夜连轴转，每天仅睡几个小时。当软件设计完成时，他的头发全脱了。说 10 天就 10 天，使营业部告别了纯手工操作。记得当时的"101"生发水上市，我破例同意他购买"101"生发水可以报销。前后擦了一两个月，总算在光秃秃的脑袋上长了几根头发。此后该应用软件不断补充完善，直到 1996 年 8 月我离开海通时仍在使用。如今的电脑技术更加完善，内容功能日趋增强，早已鸟枪换大炮了，但我们仍不能忘记小米加步枪时的创业精神。

葛维霞同仁是 1991 年 12 月由交行上海分行调配至公司的第一个专职人事干部，长期司职人教部。在她调入海通后，公司才开始有了自己的人事工作。她调入后正好适逢公司大发展，急需扩充员工队伍，但受当时体制、编制的约束，正常渠道分配至公司的员工杯水车薪，根本无法满足业务发展的需要。她大胆创新，从上海产业结构调整中的冶金、纺织、仪表电子等行业中以劳务用工形式引进人才，解了公司的燃眉之急。同时在编制范围内积极商调干部员工，仅 1992 年 12 月一个月中，商调员工就达 40 多名，占公司当时人数的 25% 以上。这些商调人员都要经过政审，每人半天就要 20 多天。她和人事部的同仁们硬是加班加点完成了任务。公司派干部赴异地筹建证券营业部后，她成了外派干部的后勤部长，逢年过节上门慰问，小孩读书择校动用个人资源加以解决。逢交行评职称、分住房，她尽力为他们争取，解除了外派干部的后顾之忧。在海通改制后，面对上百个原交行的营业部交接，1 年有 10 个月奔波在外，一个电话就从夏日炎炎的海南来到冰雪飞舞的哈尔滨，从人事方面保障了海通的发展。

张赛美、龚敏捷自从调入海通后，长期从事投行工作。在海通创业期间，由于海通自身的某些不足，只有比同行付出更多的努力才能争取企业的股票承销。创业初期，海通在外跑的投行人员，包括他们在内也就六七名。当时处于股份制改革初期，众多企业的搞改制主要是冲着拿钱不用还又不用付利息而来的。为企业承销股票要从股票、股份制等最基本的普及证券知识开始，具体帮助企业设计股份结构、企业制度、文件制作等基础工作，往往是冬天去春天回。一个项目蹲点一两个月是常态。有时为了节省时间，在把改制议案初稿交给企业管理层审阅间隙，又匆匆打个时间差赶往另一个项目公司。只要得到某地有企业意向发行股票，一个电话立马就赶过去。记得有一次我与投行部的同仁前往重庆特钢研讨该企业的改制工作，我待了一星期回沪，而同去的投行人员却驻重庆特钢将近一个月。公司投行部的人员不足万国的 1/4 和申银的 1/3，但是靠着这种吃苦耐劳的拼搏精神，硬是闯出公司投行业务的一片新天地。他们辛勤的汗水迎来了公司改制后的投行业务大发展。

以上只是公司创业时期员工皆拼搏的一个缩影，在公司的各个部门其实都是如此的。如早期的金玉凤同志，行政业务一肩挑，忙里忙外忙不停；陈培莉白手起家创建了公司的国际业务部；丁志英，一个人管着周浦的地；潘佩蓉、王乐新、范琳等是公司第一批从事商品、外汇期货业务的人员；办公室的蔡生万同志，一个曾经出门就坐吉普车的团级干部，为了海通改制早日批复，在北京人行总行金管司当起了"小三子"，干着扫地泡开水的活……还有太多的人和事，在此难以一一述说。海通的创业离不开每一位员工的努力拼搏与奉献，在此我作为你们曾经的领导向你们道一声你们辛苦了！你们尽心尽力了！历史会永远记住你们，海通不会忘记你们——至少我会永远珍惜与你们在一起创业的激情与友情！

人生感悟：中国的改革开放需要总设计师绘制改革的蓝图，明确改革的方向。但同时也要有一大批勇于牺牲自我，投入改革的践行者，方能使得改革顺利推进。同样海通的创业绝不是某一个人或几个人能完成的，在创业期间岗位有不同，业务有分工，但少了谁都不行，海通的创业使我们的人生绽放光彩！

第十六章
迈向新征程

1995 年年初发生的"327 国债期货事件",以及在 1996 年 10 月发生的沪深两地证券市场的"双雄争霸",使得上海第一代的证券市场创业者离开证券市场,迈向新的征程。

第一节　泪别海通,迈向新征程

铁打的营盘流水的兵,新兵来到营盘,老兵就得复员转业。自从"327 国债期货事件"后,由于公司在国债期货业务中亏损较大,我一直处于被调查之列,前后时间长达 15 个月之久。在调查结束后,虽然证明了我在经济上的清白与廉洁,虽然证明了我无须承担亏损的责任,但公司亏损总得有人背这个锅,我是最适合的人选。

当年领导一句,你年轻去干点新鲜事,使我进入了证券市场。如今交行总行发文调我去总行工作时,我说了句不再麻烦组织上安排,义无反顾地走自己的路。通过国债期货亏损的调查,我认识了自己,认识到自己已经不能适应这个体制,不善于沟通。确实在原有行政管理体制内,命运不是你自己能掌握的，一纸红头文件，随时可以改变你的命运，那种漂泊感使我感到命运的无常与无奈。

悄悄的我走了，饱含着心酸与不舍的泪水离别了海通，离别了我为之奋斗了10年的海通，离别了一同创业的老部下，老同事。"悄悄的我走了，正如我悄悄的来；我挥一挥衣袖，不带走一片云彩。"

悄悄的我走了，我把海通当成自己的家，精打细算，省吃俭用，勤俭持家。"海通党员会议开到晚上，两块粢饭糕就是我们的晚餐，使卖粢饭糕摊子供不应求"的段子流传至今，以至于使我赢得了"抠门"的美名。然而为公司员工解决住房、解决困难我挖空心思，动足脑筋，竭尽全力……可我离开海通时全家人依然居住在当初银行分配的60余平方米的斗室中，我未曾带走海通的一块砖、一片瓦！

悄悄的我走了。当我准备跨出已经不属于我的办公室大门时，惜别之情涌上心头，泪水盈满眼眶。我一遍又一遍地抚摸着伴随我度过了三千六百天的办公桌无语凝噎：白天上班时我在上面处理了多少公事、起草了多少文件；晚上下班后我在上面奋笔疾书，熬过了多少个夜晚，写下了多少万字的证券书籍；我站在书柜旁拉开书柜的门，目光扫过那一排排的书，那一卷在手，如饥似渴读书的情景恍如昨日。当我走到门口回首望去，沙发上我曾接待了多少同行和客户，也曾接待了多少同事和部下。在这里谈妥过项目，也讨论过规划；在这里有愉快的交谈，也有不同观点的争论；有回忆公司昔日创业之艰辛，也有描绘公司改制后的美好前景。"恰同学少年，风华正茂；书生意气，挥斥方遒。指点江山，激扬文字，粪土当年万户侯。"

悄悄的我走了。当我走出海通大门时，在大门外举步维艰，徘徊不前。我回首仰望海通的招牌，浮想联翩：想起初创海通时的激情，拿下项目的兴奋，争抢发行融资券，拼抢发行债券，与同行争承销，在市场搞创新。有国债组合凭证的成功，有国债期货自营的失利……有成功的喜悦，有失败的痛苦。海通从只有1个证券交易柜台、14名员工，发展到有13个营业部，400多名员工；从一个交行上海分行的信贷二部市场科，发展到上海滩三大著名

第十六章 迈向新征程

的证券公司之一。海通的招牌,浸透了我和一起创业的同事们的心血和汗水,海通的一草一木,都是我们的心血和汗水浇灌……回首再回首,泪水涌心头。我千分无奈,万般不舍,步履沉重,泪眼蒙眬:"男儿有泪不轻弹,只因未到伤心处!"

悄悄的我走了。当我走出海通大门时,我问心无愧,内心无悔,我把人生中最美好的 10 年青春献给了海通,献给了我热爱的证券事业。我要感谢交行的领导,是你们把我推入了改革的风口浪尖,让我在改革的大风大浪中搏风击浪。我要感谢我的同事们,因为你们与我一起创建了海通。海通给了我施展的舞台,海通的平台成就了我的理想与梦想。我要感谢 10 年来一起拼搏的同事们,是你们的努力拼搏、默默无闻的工作,使海通的设想、目标得以实施,成为现实,绘出了最美好的画卷。我也要感谢那些在工作中处处高标准、严要求的领导们,正是你们几乎近似挑剔的要求,时时告诫我要谨小慎微,小心行事,磨炼了我的意志,增加了我的阅历。

悄悄的我走了。当我走出海通大门时,南京路上霓虹灯还是那么的闪亮,外滩还是那么的车水马龙。我茫然四顾,我的路在何方……路就在脚下,就在我热爱并为之奋斗了 10 年的证券市场。我离开了海通,但我心有不甘,我不能离开我所热爱的证券事业。上帝在给你关上一扇门的时候,又为你打开了一扇窗,这扇窗就是地处祖国大西北的陕西省证券公司(以下简称陕西证券),也就是当今的上市公司西部证券,在那里开始了我的新征程。

悄悄的我走了,一同创业的老同事陈培莉、穆可意、余伟、黄静、张建华、王少燕等也都先后怀着依依不舍的心情离别海通。"回首再回首,看看你走过的路,多少奉献,多少付出,光阴是否虚度"。当他们走出海通大门时可以自豪地说:"我们为海通付出了辛勤和努力,奉献了热血和青春,我们没有虚度光阴"。如今他们迈向新的征程,海通的历史上应该有他们的一页!

悄悄的我走了。1996 年 9 月 1 日,我告别了年迈的父母、刚读中学的女儿,把照顾家庭的重担交给了妻子,带着对他们无尽的牵挂和不舍的依恋,孤身一人搭乘中国东方航空公司的班机来到了陕西。"无情未必真豪杰，怜子如何不丈夫！"

当飞机降落在咸阳国际机场时，我脑海中闪过了当年海通创业期间一批奔赴外地开拓建立营业部的老同事，此刻我正沿着他们当年所走过的路程前进。我脑海中同时也闪过当年革命先辈们只身前往新区，开拓新的天地。当然我不用像他们要有接头暗号、暗语什么的。我下了飞机找到举着"汤仁荣"牌子的陕西证券同仁，他们带着我来到了陕西证券。

陕西证券是一家在海通成立之前经人行总行所批准成立的证券公司，是第一批成立的34家证券公司之一。期间它与其他证券公司一样也经历了与人行脱钩的过程，它由人行独资的证券公司变为由多家企业参股的证券公司。我正是由陕西证券股东的推荐，并经当地省人行的认可而前往陕西证券担任总经理的。由于地处经济不发达的西部，加上脱钩、改制，公司业务长期徘徊不前。公司本部借在一家宾馆的二楼客房内办公，门前连一块陕西证券招牌都没有。我刚到此，以为是我临时居住的宾馆，安顿下来才得知是我的住处与办公室。陕西证券业务单一，只有代理客户买卖的经纪业务，没有做过股票、债券的主承销，也没有开展过其他业务。陕西证券10年来没有亏损，但也从未给股东分过红。营业部还处在海通早期的柜面接单、口头报单的原始状态。陕西证券公司效益不佳，显然员工收入也低下。陕西证券的种种不理想，正好是我的用武之地。

1996年9月1日，我一到陕西就正式走马上任了。经过一周的摸底和熟悉情况，宣布了我的施政纲领，一切为了业务发展，一切为了公司发展，以利润为中心，对各业务部门进行考核。陕西证券1996年1～9月实现利润只有200多万元，当年全年利润指标为2 000万元。经过调查我确定年初制定的2 000万元利润指标不变，各营业部原订的年度考核指标不变，未完成的分解至剩下的4个月，但是增加了每月完成指标的奖励数量，也就是画个饼，同时我又指导营业部开展新的业务。结果第一个月，也就是9月份，就有50%的营业部达到了指标，按期兑现了奖金承诺。第二个月只剩1个营业部未达标,这时我与该营业部经理交换意见,共同查找原因,并建议为了他回去好向员工交代,暂借每个员工奖金100元,但被他拒绝了,他拍胸脯保证,奖金存在公司,下月完成任务后再来领。就这样到年底,所有的营业部全部完成了年度利润指标,也领到了考核约定的奖金。我现在有权力不用再"抠门"了,员工奖金比上一年增长了2倍。记得一个营业部经理问我,汤总我们今年任务完成了,明年怎么办?我答道,明年的利润要翻一番。他又说,那奖金呢?我说奖金跟着利润一起翻啊,你还怕钱多吗?

从1996年9月1日~1997年8月底,在这短短的一年时间里,我为陕西证券的发展打下了扎实的基础,确立了陕西证券在省内证券业的老大地位。

经济效益。在我任职的一年时间里,即1996年9月~1997年8月,陕西证券实现税前利润11 071.1万元,核销以前年度潜亏859.7万元,实际实现利润11 930.8万元。10年来公司首次实现盈利超亿元,股东们也领到了10年投资的第一次分红。

开拓新业务。陕西证券取得了中国证监会颁发的主承销资格,并成功地担任西安饮食股票发行的主承销,实现了陕西乃至西北地区券商主承销0的突破。同时陕西证券还承担了10余家企业股票发行的副承销商和分销商,投资银行业务获利700多万元。

更新设备、改进服务。在这短短的一年时间里,各营业部开通了电话委托,安装了120台的自助委托机,开通了沪深两市交易所的无形席位,扩展了营业场地,极大地方便了客户,有效增加了交易量,同口径比较的市场份额占有量比上一年翻了一番。

加强制度建设,提高经营管理水平。对公司和各营业部的业务部门制定了利润考核奖励办法,切实将公司的经济效益与部门员工的经济利益挂钩,极大地调动了员工的工作积极性。同时出台了会计基础工作规范、固定资产管理、人事考核等一系列的规章制度,做到办事有章可循。

员工福利。创业精神是必须要有的,但物质利益也是必要的。这一年公司建立了员工社会养老保险制度、重病医疗保险以及住房公积金制度等，解除了员工的后顾之忧。员工的工资奖金也比上一年增长了5倍以上。

短短一年的工作时间，我基本做到了各方都满意：一是政府满意，省政府在不同的场合肯定了陕西证券的发展，支持陕西证券的发展，但凡请示省政府支持的事宜均有及时答复和支持。二是股东满意，10年间股东第一次分到红，看到了陕西证券的发展前景，股权也升值了。三是公司员工满意，辛勤劳动得到了回报，工资奖金比上年增长了5倍以上，生病养老有保障。

陕西证券的各项工作都已理好了头绪，公司各部门和营业部都已步入了正常的发展轨道。但是陕西证券也遇到了发展的"瓶颈"，各项工作再创新高困难重重。我觉得既然我不能再创新的辉煌，还不如回沪去尽孝了。在我提出要辞职时，当时陕西省主管金融的副省长专门找我谈了一上午，真诚地挽留我；省体改委主任、省证管办主任、省人民银行、省计委领导都尽力地挽留我。在我决定回沪时，他们为我举行了告别晚宴。我心潮澎湃，以茶代酒：由衷地感谢各位领导对我的厚爱，在我失意的时候给我支持和肯定，让我重拾信心，勇战困难。"千里马常有，伯乐不常有"，我虽然不敢自喻千里马，但你们却都是我的伯乐！在我离开陕西证券时，公司200多位员工济济一堂，借了剧场为我开了隆重的欢送会。我心情激动，热泪盈眶：我衷心地感谢你们！是你们的信任和支持，是你们的辛勤和付出，使我能在这短短的一年时间里，在陕西证券再创辉煌！我走了，这一次我没有悄悄地走，而是带着陕西省政府的肯定、带着陕西证券员工的不舍、带着满满的成就感，怀着愉快的心情告别了陕西证券，回到了生我养我的黄浦江畔。

1997年9月我回到了上海，正好上海有一家中外合资的房地产公司准备在香港上市，他们了解到我熟悉证券市场运作，又熟悉香港的券商、会计师行、律师行，于是聘请我到该公司担任副董事长、财务总监。该公司上市正在进行中，股票已经通过聆讯，取得了股票代码。不幸因遇到1997年香港金融危机，股票主承销商打了退堂鼓，股票没人包销，宣告上市失败。前期项目急需投入资金，股票上市失利，使该公司一下子陷入危机之中，一度到了破产的边缘。此时我利用原有金融行业的资源，运用以往从事管理的经验，使公司摆脱困境，开发的房产项目走向良性循环，公司走向正常经营的轨道。当然在这过程中，我也完成了财富的积累，实现了财务自由。在实现财务自由后，我又自由地经营过实体项目，直至退休。

第二节 创业者皆迈向新征程

1995 年前后，上海第一代证券业的创业者，皆因各种原因先后离别证券界，迈向人生新的征程。

尉文渊，1955 年 12 月出生，上交所的设计者和创建者，上交所第一任总经理。1995 年 9 月 15 日，在"327 国债期货事件"中，尉文渊因监管失察而无奈请辞。最终，上交所理事会会议"应本人要求，免去尉文渊上海证券交易所总经理职务"，被免职后的尉文渊，惜别上交所，迈向新的征程。1996 年初，尉文渊在经过几个月的冷静思考，确定了自己今后的方向，他与几个朋友创立了在香港注册的新盟公司，任董事长。从新闻媒体广告起家，掘得第一桶金。此后又涉足企业并购、实业投资。尔后本着为社会、为国家发展作贡献的理念投入实业。他主要精力投身风电领域，战略投资华锐风电科技（集团）股份有限公司（以下简称华锐风电）。2009 年华锐风电净利润 18.93 亿元。华锐风电（601558）于 2010 年 12 月 24 日公开发行股票，发行价每股高达 90 元，并于 2011 年 1 月 13 日在上交所挂牌上市。然而，天有不测风云，2012 年市场发生了重大变化，华锐风电陷入了经营危机。这时尉文渊出任华锐风电总裁、董事长。2013 年 5 月 13 日，尉文渊辞去华锐风电公司董事、董事长、总裁等一切职务，全身而退。此后实现财务自由的尉文渊自由地翱翔在市场经济的蓝天下。

阚治东，上海申银证券公司总裁，"327 国债期货事件"发生时，他在香港出差，自营部门经理因联系不上他而未参与其中，避免了申银证券卷入

"327 国债期货事件"的是非之中。"327 国债期货事件"后,阚治东出任合并后的申银万国总裁。在 1997 年沪深两市"双雄争霸"中,阚治东因申银万国公司涉嫌操纵陆家嘴(600663)股价而被处于市场禁入 5 年并免职的处分,从而黯然离开申银万国公司,迈向新的征程。他的第一站是改革开放前沿的深圳,应深圳市政府邀请,出任深圳市创新科技投资有限公司总裁。据有关资料介绍,在他担任该公司总裁的 3 年中,该公司创业投资项目有 34 家在国内证券交易所上市,取得了良好的收益。2002 年 6 月,阚治东临危受命,应邀出任南方证券总裁,凭着对证券事业的执着与热爱,试图以一己之力挽救濒临破产的南方证券,再创辉煌,他能成功吗?南方证券终因窟窿巨大,各方支持有限,内部关系错综复杂,加之当时证券市场低迷等原因而无力回天,他于 2003 年 12 月辞职离开南方证券。10 年前他因涉嫌操纵陆家嘴股价而遭受市场禁入 5 年的处罚,10 年后竟然还是涉嫌操纵股价而折戟南方证券,这一次面临的是牢狱之灾。在 2005 年 3 月,阚治东因南方证券重仓哈飞股份(600038),涉嫌操纵股价被深圳警方逮捕,关押 21 天后取保候审,于同年 12 月被深圳市罗湖区检察院起诉。2006 年 2 月 2 日,罗湖区法院开庭审理此案。庭审结束后,罗湖区检察院以事实证据有变化为由,要求撤回起诉,并于 2006 年 4 月作出不起诉决定。阚治东终于逃脱了牢狱之灾、恢复自由身,再次迈向新的征程。他担任东方汇富创投管理有限公司总裁,这是一家主要从事新兴行业股权投资的公司。阚治东又于 2007 年 9 月 28 日高调复出,出任一家名为奥锐万嘉的创投公司任总裁,依据长期积累的资本市场经验,投资项目取得了不菲的佳绩。至今阚治东仍在市场经济的大海中搏击。

管金生,万国的创办者,万国总裁,并被称为中国证券市场的"证券教父"。因"327 国债期货事件"辞去万国总裁职务。尔后因罪被捕入狱,离开了一手创建的万国,在上海提篮桥监狱度过了 8 年。2003 年,他从自称的"提篮桥大学"提前毕业,迈向了新的征程。"毕业"后的 10 年间,管金生闭门修炼,用他自己的话来说就是"重拾自我,修炼自己,与人和谐,与己和谐,有所求有所不求"。2013 年 7 月 18 日万国成立 25 周年,当年的万国人重聚一起，纪念这特殊的日子。管金生结束了闭门修炼，在此万国人的聚会上发表了19年来的首次演讲。此后频频出现在公众视野中。2015年6月6日，管金生在"互联网+金融投资高峰论坛"上演讲，首次公开谈及他在"327国债期货事件"中的教训。2016年，管金生现身首届中国东盟企业家论坛。2016年6月16日，管金生再次创业，成立九颂山河基金公司，出任董事长。根据该公司规划初期，九颂山河将在中国境内发行10亿元人民币基金，同时在境外发行等量价值的基金。他希望以平等基金为突破口，尝试开拓中国私募基金行业的一片新天地，再创辉煌。年过古稀的管金生仍然活跃在中国的资本市场上。

1995年，注定是不平凡的一年，在此前后，上海第一批早期的证券市场创业者尉文渊、管金生、阚治东和我先后都离开了我们所无限热爱并为之拼搏和奋斗的证券事业。时过境迁，物是人非，历史功过，让后人评说。

第三节　海通迈向新征程

海通完成了改制，度过了痛苦的磨合期，有了一个稳定的领导班子，海通迈向了新的征程。

海通于1994年改制并发展成全国性的证券公司。2001年年底，公司整体改制为股份有限公司。2002年，公司完成增资扩股，注册资本金增至87.34亿元，成为当时国内证券行业中资本规模最大的综合性证券公司。2005年，公司成功托管甘肃证券和兴安证券，实现低成本快速扩张，同年，公司成为创新试点券商。海通A股于2007年在上交所挂牌上市并完成定向增发。2009年，公司成功收购香港本地老牌券商大福证券，更名为海通国际证券，为国际化发展战略迈出了坚实的第一步。2012年，公司于香港联合交易所挂牌上市，实现A+H股两地上市。2013年，公司成功收购恒信金融集团，成为第一家涉足融资租赁业务的证券公司。2015年，公司完成H

股定向增发，公司注册资本金增至 115.02 亿元。同年，公司先后完成收购日本吉亚、葡萄牙圣灵投资银行，并将后者更名为海通银行，进一步提升了国际知名度和品牌影响力，海外布局进一步完善，国际化战略继续深化。公司积极推进金融控股集团建设，基本建成了以证券为核心，业务涵盖期货、直接股权投资、基金和融资租赁等多个业务领域的金融控股集团。

海通拥有 1 家直投子公司（海通开元）和 6 家股权投资管理子公司（海富产业、海通吉禾、海通创新、海通新能源、海通创意和海通并购），在国内证券业 PE 投资领域处于领先地位，打造了国内 PE 投资领域的知名品牌。海通拥有海通资产管理、海富通基金和富国基金等专业资产管理子公司，资产管理总规模突破 1 万亿元。公司成立海通创新证券投资公司，打造另类投资的专业平台。海通控股子公司海通期货稳居期货行业市场份额前三位。海通恒信业务遍布全国 400 多个城市及境外租赁市场，已成长为一家独具特色的、业内领先的融资租赁公司之一。

目前，公司总资产超 5 000 亿元、净资产近 1 200 亿元，自 2007 年以来公司总资产和净资产一直位居国内证券行业前列。公司拥有卓越的综合性业务平台和成熟的海外业务平台，经营网点遍及全球 14 个国家和地区；在境内拥有近 340 家证券及期货营业部，在境内外拥有逾 1 000 万名客户（见图16-1）。

图 16-1　海通证券宣传图

第十六章 迈向新征程

"海纳百川，通向辉煌"，海通在新的征程中取得了骄人的战绩。"30年前行，行稳致远"，值此庆祝海通成立30周年之际，我坚信海通在"改革开放再出发"的浪潮中，随着我国经济建设的发展，定会发挥越来越大的作用，总有一天它将屹立于世界著名证券之林。海通，我为你感到自豪；海通，我为你感到骄傲！努力吧，海通！奋斗吧，海通！！腾飞吧，海通！！！

人生感悟：在泪别海通时，我心中充满了委屈，无奈与不舍。然而人生之路必定是曲折的，挫折是一种历练，是比成功更宝贵的财富。路就在自己脚下，擦干眼泪，告别过去，认识自我，重拾信心，一切从头来。靠着锲而不舍的勤奋与努力，迈向新的征程，定能开创一片新天地。

附录 1
汤仁荣主要的证券类著作

1. 证券的发行与流通（著）
   上海社会科学院出版社（ISBN7-80515-291-8/F.97）

2. 第三百六十一行—证券经营机构（著）
   中国金融出版社（ISBN7-5049-0798-7/F.437）

3. 证券市场（主编）
   立信会计图书用品社（ISBN7-5429-0130-3/F.0127）

4. 证券市场行情分析（编著）
   上海科学技术文献出版（ISBN7-5439-0252-4/Z.557）

5. 证券交易的实务与风险（编著）
   上海科学技术文献出版（ISBN7-5439-0897-2/Z.768）

6. 证券投资的风险与防范（著）
   百家出版社（ISBN7-80703-257-X/F.13）

7. 中国证券业理论与实务（编著）第十八章、第十九章（教材）
   知识出版社（ISBN7-5015-1026-1）

8. 中国证券市场透视（编著）第九章（教材）
   （中国香港）中文大学出版社（ISBN7-962-201-741-X）

附录2
汤仁荣主要的证券类论文

编号	内容	发表报刊	日期
1	证券集资决策	安徽金融研究	1987. No. 10
2	谈证券发行成本	金融知识	1988. No. 2
3	浅议证券发行的审查	上海金融	1988. No. 5
4	证券买卖价格制订的几个因素	广东金融	1988. No. 6
5	谈代理发行证券的几个问题	浙江金融	1988. No. 8
6	关于整顿与发展证券市场的几点建议	上海社科院要报	1988. No. 12.5
7	国库券上市后的反思	上海金融	1988. No. 12
8	建立符合中国国情的证券经纪人队伍	金融研究	1989. No. 1
9	观念的变革是推动金融体制改革的重要因素	新金融	1989. No. 1
10	企业筹资策略（上）	金融市场	1989. No. 1
11	企业筹资策略（中）	金融市场	1989. No. 2
12	企业筹资策略（下）	金融市场	1989. No. 3
13	浅谈影响证券行市的因素	上海金融	1989. No. 12
14	上海证券市场的产生与现状	上海投资	1990. No. 1
15	证券市场行情预测方法浅议	新金融	1990. No. 2
16	上海经济振兴与证券交易所	上海社科院	1990. No. 5.15

(续表)

编号	内容	发表报刊	日期
17	证券市场的反思与展望	经济科学	1990. No. 3
18	证券投资入门	证券投资	1990. No. 12. 16
19	中外证券市场的比较研究	经济研究	1991. No. 1
20	证券投资技巧（上）	投资经济	1991. No. 2
21	证券投资技巧（下）	投资经济	1991. No. 3
22	发展证券市场，筹建外汇资金	国际市场	1991. No. 3
23	上海股票市场发展问题的探索	今日中国	1991. No. 4
24	浅议直接融资与间接融资	上海金融	1991. No. 4
25	浅议代理发行证券的销售与检查	新金融	1991. No. 6
26	浅议证券投资的税收问题	上海经济	1991. No. 6
27	利用证券市场加快浦东开发	上海改革	1991. No. 10
28	股份制企业的资产评估简论	社会科学	1991. No. 11
29	证券市场的发展与证券经营管理人才	新金融	1991. No. 11
30	证券投资的特点	上海价格	1991. No. 12
31	浅议机构证券投资者的管理	华东金融信息	1991. No. 12. 30
32	关于证券发行的管理	上海价格	1992. No. 2
33	丰富多彩的证券价格	上海价格	1992. No. 3
34	证券交易的管理	上海价格	1992. No. 4
35	浅说投资收益	上海价格	1992. No. 6
36	考察股价的三个指标	上海价格	1992. No. 7
37	证券行情表解读	上海价格	1992. No. 8
38	证券投资风险与投资收益	上海价格	1992. No. 9
39	证券投资决策	上海价格	1992. No. 10
40	证券业成熟须法人独立	工商时报	1993. 2. 3
41	股市与立法	法苑	1993. No. 3
42	证券承销商的评价与选择	上海证券报	1993. 15. 13
43	没有成熟的股民，难有成熟的股市	现代工商	1993. No. 5

(续表)

编号	内容	发表报刊	日期
44	证券交易所的评价与选择	上海证券报	1993.7.1
45	建立一个高效的证券市场管理系统	上海金融	1993.No.7
46	国债组合凭证发行成功的启示	上海证券报	1994.3.25
47	推出优质资产盘活呆滞存量资金	决策参考	1994.7.18
48	国际金融中心与证券化	上海金融	1994.No.8
49	法人股流动模式分析	中国证券报	1995.2.7
50	国债期货"327"品种风波引起的反思	上海金融	1995.No.3
51	我国证券市场投资风险的特征	金融时报	1995.4.20
52	如何选择理想的券商	上海证券报	1995.5.7
53	投资风险（一）（二）（三）（四）（五）	上海证券报	1996.4.7—7.19
54	证券商自我规范的几个方面（上）（下）	金融时报	1996.6.12
55	利率的风险与防范	证券时报	1997.8.4
56	税率调整的风险与防范	中国证券报	1997.8.7
57	关于暂停或关闭国债期货市场的紧急建议	证券市场周刊	2007.No.3
58	"327"事件的危机时刻	财富与梦想	2010.12
59	二级市场仍非经济发展直接推动力	理财一周	2010.12.24

后　记

　　本书自 2018 年 3 月底开始动笔，历经 3 个多月终于完成，写作的过程真有一种轮回"穿越"、重走海通创业路的感觉。海通从无到有，从小到大，一同创业的同事、艰苦创业的往事桩桩件件、历历在目，那是我记忆仓库里一颗流光溢彩的珍珠啊！我的心情随着写作的情节而起伏：写到经过各种拼搏拿下一个个项目时我露出了欣慰的笑容；写到虽经各种努力却仍然失利时，我身临其境，黯然神伤；写"证券发行也精彩"时我文笔流畅，一气呵成；写"我和国债期货"时我凝思许久，沉重落笔……

　　本书刚开始写作时是以连载的形式，每周一篇发在"海通老同仁"微信群里的，在那里得到了很大的反响和大家的共鸣。有人说："情节生动，有场面感，可以考虑拍个微电影。"也有人说："汤总的描述如同身临其境、惊心动魄。"在写到"海通的成立"时，对于初创海通时有几位员工，哪几个人大家议论纷纷，指出有误的部分。在写到"国债业务"时，相关的人员都回忆当年去外地提券的情景，还有人说："大赞汤总的人生感悟：早期的国债是海通得以生存、发展的基础。要为先就要敢于闯、敢于冒险。要有收获就要吃苦耐劳，坐在办公厅喝茶看报是等不来成功、换不来财富的。"在写到"国债组合凭证"时，有人说："国债组合凭证的发明，我算是见证者，

后　记

见证了汤总灵感的产生、具体酝酿过程。国债组合凭证确确实实是汤总的一大发明。"写到"海通改制"时，有人说，"改制海通从此向前跨了一大步，又上了一个新的台阶，这在海通的发展史上是浓抹重彩的一笔，它对于海通朝规模化发展起了关键性的作用，而你又是策划启动这计划步骤的决定性人物，是海通顺利改制的功臣！"写到"我为海通作宣传"时，有人说"现在一些人的鸿篇巨著，或者长篇大论不一定出自作者之身，说到著书立说，真佩服汤总，逐字逐句都来自其理论素养和对市场的感悟""看了这篇海通往事，对您由衷地敬佩，写书是件很费时费力的事，您工作那么忙还能写这么多书，真叫俺汗颜——俺几十年就是一吃瓜群众，唉！"……此类互动甚多，不一一列举了。当然，也有人让我别写了，认为"汤总的《海通创业往事》回忆录最好别写了，尤其是对当时敏感事件的记述；多一事不如少一事，小心驶得万年船。"对我的关心之情溢于言表，在此我表示衷心的感谢。

还有人问我以前是不是记日记的，否则30年前的事情怎么会记得那么清楚。其实我是不怎么记日记的，更何况往事中有很多事件的细节在当时也没有这份闲心"记录在案"的，现保存的一些工作日志、会议记录记得很简单，所以大多数的事件都是靠记忆写出来的。写往事最大的困难，就是还原事件的真实情况。因为年代久远，对有些事件发生的确切时间、地点、人物，生怕记忆有误，所以我花费了很大的精力查阅大量的资料，也拜访了很多昔日的当事人，请他们一起回忆当时的人和事，得到了他们的热情帮助：第三章"早期的人事"，得到了葛维霞同志提供的大量当时所保存的资料，得以较为完整地展现了当年人事工作的困境与改革。第七章"长宁的金库"，得到了当年管库人黄克勤、余伟的帮助，余伟同仁在国外旅游时还不忘精心回忆金库的情况。第八章"周浦的地"，前后历经海通四任一把手，时间跨度长达10余年。丁志英、陈丽华两位同仁翻箱倒柜地把20多年前有关周浦地块的资料找了出来，终于较为完整地介绍了地块的来龙去脉和结局。第九章"早期的证券营业网点"，当年前去开疆拓土、创建异地营业部的同仁穆可意、张国富、高家慈、钱文钢又重聚一起，回首创建往事；陈培莉同仁详细描述了海通国际业务部的创建过程。第十三、第十四章关于国债期货，远在海外的黄静同仁给予很大的帮助。陆雁同仁从各方渠道提供了大量珍贵的历史照片。在本书成稿后，范琳、马招娣、陈康良等同仁义务担任打字员、校对员。在此书出版之际，谨向这些同志表示由衷的感谢！同时也保证书中没有任何虚构成分，是实实在在的事实真相。历史是人写的，海通的创业史应该要有人写出来，作为海通的首任总经理，10年风雨兼程，我有义务把我所知的创业往事记录下来。当然在海通创业时期的动人事迹何止这些，因篇幅有限，我只是挂一漏万地记录了一些，在此亦表示歉意。回忆，也是一种幸福，希望有同道者能一起努力，共同记录下那些不该被忘却的峥嵘岁月。

海通创业时期经历的艰难困苦、海通人创业时的拼搏精神，其实是海通的一笔宝贵财富，今天我把它们写下来，留给海通的后来人：使你们能了解创建海通的不易，发展海通的艰辛，珍惜海通今天的辉煌。海通的未来是你们的，希望你们能够继承和发扬海通人的拼搏精神，更加努力地工作，为早日实现海通"屹立于世界著名证券之林"的宏伟目标而奋斗！

借用《钢铁是怎样炼成的》一书中保尔·柯察金说过的一段话："人最宝贵的是生命。生命属于人只有一次。人的一生应当这样度过：当他回首往事的时候，不会因为碌碌无为、虚度年华而悔恨，也不会因为为人卑鄙、生活庸俗而愧疚。这样，在临终的时候，他就能够说，我已把自己整个的生命和全部的精力献给了世界上最壮丽的事业——为人类的解放而奋斗。"

因本人水平有限，且时间比较仓促，书中难免有疏漏与错误之处，敬请读者指正，万分感谢！

汤仁荣
2018年8月5日